DEIN COACH ZUM ERFOLG!

Dein ActiveBook auf My**STARK**:

Du kannst auf alle digitalen Inhalte (Prüfung 2022, Hördateien, interaktive Aufgaben, „MindCards") online zugreifen. Registriere dich dazu unter **www.stark-verlag.de/mystark** mit deinem **persönlichen Zugangscode:**

N3N2-K9B4-Y7R6

C06250-000639

~~SueKangu1989~~
~~Fiona2602~~
~~2006~~

Die Inhalte dieser Auflage stehen bis Schuljahresende zur Verfügung.

Richter2023

D1854661

MySTARK

Das ActiveBook *bietet dir:*

- MP3-Dateien der Hörtexte
- Interaktive Aufgaben zu sprachlichen Grundlagen
- Web App mit hilfreichen Wendungen

DEIN COACH ZUM ERFOLG!

So kannst du interaktiv lernen:

Interaktive Aufgaben

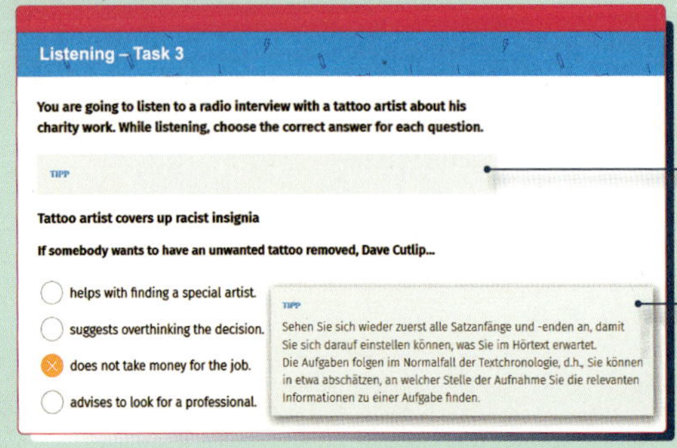

Tipps zur Bearbeitung der Aufgabe

Sofortige Ergebnisauswertung

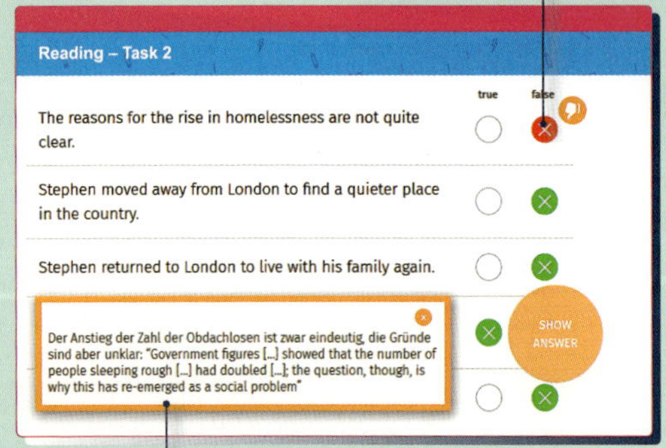

Mit Hinweisen bei falschen Antworten

Web-App „MindCards"

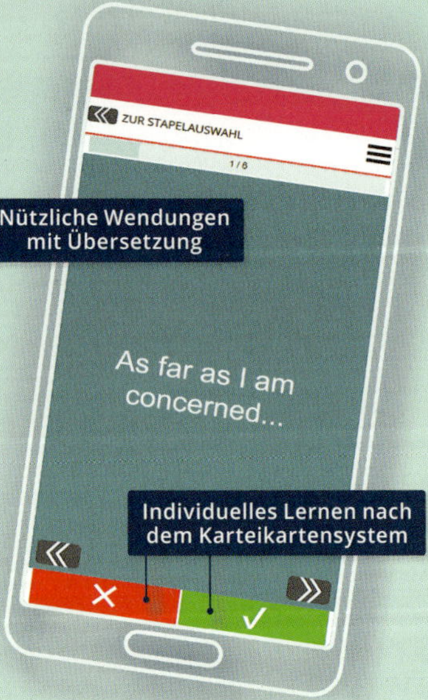

Nützliche Wendungen mit Übersetzung

Individuelles Lernen nach dem Karteikartensystem

Systemvoraussetzungen:

- Mindestens 1024×768 Pixel Bildschirmauflösung
- Chrome, Firefox oder ähnlicher Webbrowser
- Adobe Reader oder kompatibler anderer PDF-Reader
- Internetzugang

Speaking

Writing

2023

Fachoberschule

Original-Prüfungsaufgaben
mit Lösungen

Hessen

Englisch

STARK

© 2022 Stark Verlag GmbH
2. ergänzte Auflage
www.stark-verlag.de

Das Werk und alle seine Bestandteile sind urheberrechtlich geschützt. Jede vollständige oder teilweise Vervielfältigung, Verbreitung und Veröffentlichung bedarf der ausdrücklichen Genehmigung des Verlages. Dies gilt insbesondere für Vervielfältigungen, Mikroverfilmungen sowie die Speicherung und Verarbeitung in elektronischen Systemen.

Inhaltsverzeichnis

Übungsaufgaben

Original-Abschlussprüfungen

Autor*innen
Kurzgrammatik: Redaktion
Hinweise und Tipps, Übungsaufgaben, Lösungen zu den Prüfungsaufgaben:
Ramona Schwarze

Sollten nach Erscheinen dieses Bandes noch **wichtige Änderungen** in der Prüfung 2023 vom Kultusministerium bekannt gegeben werden, finden Sie aktuelle Informationen dazu auf der Plattform **MyStark**.

Vorwort

Liebe Schülerinnen und Schüler,

bald werden Sie Ihre **schriftliche Abschlussprüfung im Fach Englisch** ablegen. Wir möchten Sie gerne auf Ihrem Weg zu einem guten Abschluss begleiten und Sie mit diesem Band bei der **Vorbereitung auf die Prüfung** unterstützen.

Die Aufgaben werden vom hessischen Kultusministerium vorgegeben. **Ausführliche Hinweise** zu den **Anforderungen** sowie allgemeine Hilfestellungen zur Lösung der Abschlussprüfungen finden Sie am Anfang des Buches.

Die **Übungsaufgaben** bieten Ihnen eine zusätzliche Möglichkeit, sich vorzubereiten. Ihr Aufbau entspricht der Prüfung. Die **Hinweise und Tipps in den Lösungen** geben Ihnen Hilfestellung, wenn Sie sich in bestimmten Aufgabenbereichen noch unsicher fühlen.

Üben Sie die Prüfungssituation mit den **offiziellen Prüfungsaufgaben**, die in den Jahren 2018 bis 2022 vom hessischen Kultusministerium gestellt wurden. Auch hier finden Sie in den Lösungen **Hinweise zur Bearbeitung**. Die methodischen Schritte können Sie auf die Bearbeitung anderer Texte und Aufgaben übertragen. Zudem stehen Ihnen **vollständige Musterlösungen** zur Verfügung.

Zusätzlich zu den Aufgaben in diesem Buch haben Sie die Möglichkeit, sprachliche **Grundlagen** anhand interaktiver Aufgaben im **ActiveBook** zu üben. Mit Hilfe der **Web-App** „MindCards“ können Sie hilfreiche **sprachliche Wendungen** wiederholen.

Sie können auf alle digitalen Zusätze online über die Plattform **MyStark** zugreifen. Auf den Farbseiten zu Beginn des Buches finden Sie Ihren persönlichen Zugangscode.

Wir wünschen Ihnen viel Erfolg bei der Abschlussprüfung!

Hinweise zu den digitalen Zusätzen

Auf alle digitalen Zusätze können Sie online über die Plattform **MyStark** zugreifen. Ihren persönlichen Zugangscode finden Sie auf den Farbseiten vorne im Buch.

PDF der Original-Prüfungsaufgaben 2022

Um Ihnen die **Prüfung 2022** schnellstmöglich zur Verfügung stellen zu können, bringen wir sie in digitaler Form heraus.

Sobald die **Original-Prüfungsaufgaben 2022** freigegeben sind, können sie als PDF auf der Plattform **MyStark** heruntergeladen werden.

Interaktive Aufgaben – „ActiveBook"

Im **ActiveBook „Basic Language Skills"** erhalten Sie Zugriff auf zahlreiche **interaktive Aufgaben** zu Grundlagen wie **Hörverstehen**, **Leseverstehen** und **Sprachverwendung im Kontext**. Dies sind ganz wichtige „Basics", die Sie für eine gute Sprachbeherrschung brauchen.

Das ActiveBook „Basic Language Skills" bietet Ihnen:

- „**Listening**" – authentische Audiodateien mit vielfältigen Aufgaben, die Ihr Hörverstehen testen
- „**Reading**" – abwechslungsreiche Lesetexte und dazugehörige Aufgaben
- „**English in Use**" – gemischte Aufgaben rund um den Gebrauch der englischen Sprache
- Alle Aufgaben sind interaktiv, d. h., Sie können sie direkt am PC bearbeiten und erhalten sofort eine Rückmeldung zu Ihren Antworten.

MP3-Dateien

Über die Plattform **MyStark** können Sie sich außerdem die Hörverstehenstexte der Übungsaufgaben und Original-Prüfungen anhören und zum Offline-Gebrauch herunterladen.

Web-App „MindCards"

Mit der Web-App „**MindCards**" können Sie am Smartphone Vokabeln lernen. Auf diesen interaktiven Karteikarten finden Sie hilfreiche Wendungen, die Sie beim Schreiben von Texten oder im mündlichen Sprachgebrauch einsetzen können.
Scannen Sie einfach die QR-Codes oder verwenden Sie folgende Links, um zu den „MindCards" zu gelangen:
https://www.stark-verlag.de/mindcards/writing-2
https://www.stark-verlag.de/mindcards/speaking-2

Writing

Speaking

Hinweise und Tipps zur zentralen Abschlussprüfung

Wie bereite ich mich auf die Abschlussprüfung vor?

- Nehmen Sie aktiv am Unterricht teil.
- Reichen Sie Hausaufgaben ein und lassen Sie sich regelmäßig Rückmeldung über Ihren Entwicklungsstand geben.
- Fertigen Sie sich von allen Themenbereichen/Oberthemen Mindmaps an. Das gibt Struktur und hilft das entsprechende Fachvokabular zu vertiefen.
- Die folgenden Themenfelder werden in der Prüfung abgefragt:
  - Themenfeld 2: *Society and Social Change*
  - Themenfeld 3: *Global Economy and Ethics*
  - Themenfeld 4: *Environment and Sustainability*
- Eine Spezifizierung der Themen steht im Prüfungserlass. Diesen sollten Sie mit Ihrer Lehrkraft besprechen. Außerdem können Sie ihn auch auf der Seite des Kultusministeriums einsehen. Im Prüfungserlass werden alle Themen, die geprüft werden, aufgelistet: Sie sind verbindlich für alle Schüler*innen und Lehrkräfte.
- Lernen Sie aus Ihren Fehlern: Klassenarbeiten sind die beste Vorbereitung. Suchen Sie Ihre Top 10 Fehler heraus und arbeiten Sie daran. Ein geringer Fehlerquotient verbessert Ihre Note deutlich.
- Ansonsten gilt: üben, üben, üben. Alle schriftlichen Ausarbeitungen kann man vorbereiten und die Struktur einüben. Der Ablauf ist immer gleich. Je besser Sie vorbereitet sind, desto mehr können Sie sich auf Rechtschreibung, Grammatik und Stil konzentrieren.

Was erwartet mich in der Abschlussprüfung?

- Die Englischprüfung ist eine **schriftliche Abschlussprüfung**. Es gibt die Möglichkeit, zur Verbesserung der Note eine mündliche Prüfung abzulegen.
- Sie bekommen **zwei Prüfungsvorschläge**. Nach **30 Minuten Einlesezeit** müssen Sie sich für einen Vorschlag entscheiden.
- Die Prüfung dauert **180 Minuten**. Am Ende der Prüfung müssen Sie Ihre Wörter zählen.
- Bitte achten Sie auf eine saubere Schrift und einen Rand für Korrekturen und Anmerkungen.
- Ihnen stehen ein **Deutsch-Englisches-Wörterbuch** sowie ein **einsprachiges Englisch-Wörterbuch** zur Verfügung. Nutzen Sie diese, denn jeder entdeckte Rechtschreib-, Grammatik- oder Wortfehler reduziert Ihren Fehlerquotient und verbessert somit Ihre Note.
- Sollten Sie in eine mündliche Englischprüfung gehen, bereiten Sie sich gründlich vor. Sie haben eine Vorbereitungszeit. Zeigen Sie, dass Sie sich in der englischen Sprache ausdrücken und kommunizieren können. Verwenden Sie klar strukturierte Sätze, die sowohl Strukturvokabular als auch Fachvokabular enthalten. Reden Sie nur in englischer Sprache. Die Verwendung eines deutschen Wortschatzes ist in einer Englischprüfung nicht erwünscht.

Hörverstehen

- Die Prüfung beginnt im Anschluss an die Einlesezeit mit dem Hörverständnisteil. Dieser ist für beide Vorschläge gleich.
- Der Hörverständnistext wird **zweimal** vorgespielt. Der Hörtext bzw. die Hörtexte dauern insgesamt ca. drei bis sechs Minuten.
- Vor dem ersten Hördurchgang haben Sie die Möglichkeit, die Aufgaben genau zu lesen. Markieren Sie sich hierbei Schlüsselwörter.
- Folgende **Aufgabentypen** können im Hörverstehen vorkommen:
  - Multiple-Choice-Aufgaben
  - das Ausfüllen eines Formulars, einer Tabelle oder einer Übersicht mit kurzen Informationen oder Stichpunkten
  - Zuordnungsaufgaben
  - die Wiedergabe der Hauptpunkte des Hörtextes/der Hörtexte in Form von Freitext
  - das Vervollständigen von Teilsätzen
- Es kann verlangt werden, dass Sie Ihre Antwort in deutscher Sprache notieren, **oder** aber, dass Sie sie in englischer Sprache formulieren. Lesen Sie daher genau, damit Sie keine Punkte verlieren.

Tipps zum Hörverstehen

- In den vergangenen Jahren stand das Ausfüllen einer Tabelle im Fokus. Hierbei wurde angegeben, wie viele Aspekte jeweils zu den Fragestellungen genannt werden müssen. Ein guter Hinweis sind sonst auch die Punkte, die auf die Teilfragen vergeben werden.
- Füllen Sie die Aufgaben beim ersten Hören so weit aus, wie es geht. Markieren Sie sich anschließend zwischen den Hördurchgängen, wo Sie noch Lücken haben oder sich unsicher sind.
- In der Regel orientiert sich die Reihenfolge der Aufgaben an der Reihenfolge im Hörtext. Dies kann für Sie beim zweiten Hördurchgang interessant sein, wenn Sie gezielt versuchen, Informationen, die Ihnen noch fehlen, herauszuhören.

Leseverstehen

- Bei der Überprüfung des Leseverständnisses bearbeiten Sie einen englischsprachigen Text (ca. 300–500 Wörter).
- Folgende **Aufgabentypen** sind möglich:
  - Multiple-Choice-Aufgaben
  - Ausfüllen eines Formulars
  - Ausfüllen einer Tabelle/Übersicht mit kurzen Informationen oder Stichpunkten
  - Zuordnungsaufgaben
  - die Wiedergabe der Hauptpunkte des Lesetextes auf Deutsch oder Englisch
  - Beantwortung von Fragen auf Deutsch oder Englisch
  - das Vervollständigen von Teilsätzen

Tipps zum Leseverstehen

- Auch hier lag in den vergangenen Jahren der Schwerpunkt auf dem Ausfüllen einer Tabelle. Dies muss an dieser Stelle häufig in deutscher Sprache erfolgen. Beachten Sie hierbei die Aufgabenstellung, damit Ihre Lösungen nicht mit null Punkten bewertet werden.
- Wie beim Hörverstehen wird Ihnen auch hier die Reihenfolge der Aufgaben einen Hinweis darauf geben, wo im Text Sie nach der fehlenden Information suchen müssen. Vereinzelt kann es jedoch auch zu Abweichungen kommen, insbesondere, wenn bei einer Aufgabe verschiedene Teilaspekte gefordert sind.

Mediation

- Der Mediationsteil besteht aus einer sinngemäßen Übersetzung und einer Zusammenfassung.
- Die sinngemäße Übersetzung erfolgt von der englischen in die deutsche Sprache. Hierbei soll Ihre Übersetzung möglichst nah am Wortlaut des Originaltextes liegen. Hier finden Sie ein Beispiel für eine Aufgabenstellung:

  Translate the text excerpt (Text II) without its title freely into German. Remember to translate as closely as possible and as freely as necessary.

  Please count your words in groups of 10.

  (Abschlussprüfung 2020, Vorschlag A)

Tipps für die Mediation vom Englischen ins Deutsche	
	• Markieren Sie beim ersten Lesen Wörter, die Ihnen unbekannt sind, und schlagen Sie diese im Wörterbuch nach. Bei den meisten Wörtern finden Sie verschiedene Übersetzungsalternativen. Überlegen Sie bereits jetzt, welche im Textzusammenhang die Bedeutung im Deutschen am besten wiedergibt. Notieren Sie im Zweifel mehrere Alternativen.
	• Nicht immer kann wortwörtlich übersetzt werden. Für einen flüssigen Text in korrektem Deutsch kann es notwendig sein, umzuformulieren und auch Satzkonstruktionen anzupassen.
	• Lesen Sie Ihre Lösung im Anschluss an Ihre Übersetzung noch einmal am Stück durch, ohne den Originaltext hinzuzuziehen. Hierbei wird Ihnen auffallen, wenn bestimmte Textstellen holprig klingen.

- Bei der Mediationsaufgabe vom Deutschen ins Englische müssen Sie nicht den gesamten Text im Englischen wiedergeben, sondern lediglich die wesentlichen Aspekte.
- Unbedingt zu beachten ist, dass bei der Zusammenfassung eine vorgegebene Wortzahl eingehalten werden muss. Eine Überschreitung der festgesetzten Wortzahl führt zum Abzug von Bewertungseinheiten. Eine mögliche Aufgabenstellung ist:

  Summarize the text (Text III) in English in no more than 170 words.

  One point (BE) will be deducted for every 10 words that you are over the word limit. Please count your words in groups of 10.

  (Abschlussprüfung 2020, Vorschlag A)

Tipps für die Mediation vom Deutschen ins Englische	
	• Konzentrieren Sie sich hier auf die wesentlichen Textinhalte. Beispiele, Zahlen, Prozentangaben, Zitate und Details können in der Regel weggelassen oder verallgemeinert werden.
	• Die Mediation sollte neutral formuliert sein. Ihre eigene Meinung sollten Sie hier nicht mit aufnehmen. Auch Ihr Hintergrundwissen spielt in dieser Fragestellung keine Rolle. Nehmen Sie in Ihre Lösung nur Inhalte mit auf, die auch im Text genannt werden, und interpretieren Sie diesen nicht.
	• Verwenden Sie keine direkte Rede.
	• Formulieren Sie Ihre Lösung mit Ihren eigenen Worten.

Textproduktion

Bei der Textproduktion müssen Sie einen Text mit einer Länge von 270 bis 330 Wörtern verfassen. Achten Sie unbedingt auf die Wortzahl, denn eine Über- oder Unterschreitung führt zum Abzug von Bewertungseinheiten. Mögliche Aufgabenstellungen sind das Verfassen eines Kommentars oder einer Diskussion. Auch kann die Beschreibung und Interpretation eines Bildes, Cartoons oder Diagramms von Ihnen verlangt werden.

Kommentar / Erörterung

- Achten Sie unbedingt auf eine klare Struktur. Ein *comment* oder eine *discussion* besteht immer aus: **Einleitung**, **Hauptteil** und **Schluss**.
- Beachten Sie die Operatoren. In einer Diskussion müssen Sie Pro- und Kontra-Argumente nennen, erklären und begründen und in der Schlussfolgerung zu einer Entscheidung kommen. In einem Kommentar müssen Sie den Leser oder die Leserin von Ihrer Meinung überzeugen. Sie müssen nur Argumente nennen, erklären und begründen, die Ihre Meinung unterstützen. Hier finden Sie zwei Beispiele für entsprechende Aufgabenstellungen:
  - *Worldwide, more than 250 million people were forced to seek help abroad in 2017. Governments and societies must help them!*
    Discuss whether Germans have a duty to help migrants and refugees.
    (Abschlussprüfung 2020, Vorschlag A)
    Bei dieser Aufgabenstellung müssen Sie sowohl Argumente dafür präsentieren, dass Deutsche eine Verantwortung haben, Migrant*innen und Flüchtlingen zu helfen, als auch Argumente berücksichtigen, die gegen diese These sprächen.
  - *"Changing one's meat consumption or becoming a vegetarian can help to save our nature and climate."*
    Comment on this statement.
    (Abschlussprüfung 2018, Vorschlag A)

Bei dieser Aufgabenstellung können Sie sich auf Ihre eigene Meinung zum Thema konzentrieren. Wählen Sie zwei bis drei starke Argumente für Ihre These aus und führen Sie diese mit Begründung und Beispielen aus.

- Verwenden Sie Strukturvokabular und vor allem themenbezogenes Fachvokabular.

Tipps für das Erstellen eines Kommentars oder einer Erörterung

- Sammeln Sie Ihre Argumente und Ideen in einer Mindmap oder Liste, bevor Sie mit dem Ausformulieren beginnen.
- Führen Sie in Ihrer Einleitung zum Thema hin, zum Beispiel, indem Sie sich auf einen aktuellen Anlass beziehen, von einer persönlichen Erfahrung berichten oder über ein Zitat oder ein Sprichwort ins Thema einsteigen. Formulieren Sie am Ende Ihrer Einleitung die These oder Fragestellung.
- In einem **Kommentar** („comment") stellen Sie Ihre eigenen Argumente dar. Beschränken Sie sich dabei auf **zwei bis drei wichtige Aspekte** und formulieren Sie diese aus. Beginnen Sie mit einem weniger wichtigen Argument und steigern Sie sich bis zum **stärksten Argument, das an letzter Stelle** stehen sollte.
- Bei einer **Erörterung** („discuss") müssen Sie Argumente für **beide Seiten** darstellen. Die einfachste Variante ist es, hier mit den **Argumenten der Gegenseite** zu beginnen und **dann die Argumente der eigenen Position** darzustellen. Es ist auch möglich, Argumente der Gegenseite zu präsentieren und diese gleich zu entkräften. Diese Variante ist jedoch etwas komplexer und erfordert viel sprachliches Geschick.
- Jedes Argument sollte ausgeführt werden. Üblich ist es dabei, die **Behauptung** zu **begründen** oder zu erläutern und **Beispiele** oder konkrete Lebensbezüge zu nennen.
- Im **Schlussteil** sollen Sie Ihre Argumentation abrunden und zu einem Urteil kommen. Dabei ist es möglich, noch einmal auf die Hinführung aus der Einleitung einzugehen („Ringschluss") oder einen Ausblick in die Zukunft zu geben. Es ist auch möglich, Pro und Kontra noch einmal knapp gegeneinander aufzuwiegen, um so zu einem abschließenden Urteil zu kommen.
- Achten Sie im letzten Lesedurchgang auf den Sinnzusammenhang und sprachliche Fehler.

LEARN.

Useful phrases

Auflisten/Strukturieren

first(ly)/second(ly)/…	– *erstens/zweitens/…*
first of all	– *zunächst einmal*
to begin with	– *zunächst*
furthermore	– *weiterhin, außerdem*
additionally	– *zusätzlich, außerdem*
in addition (to that)	– *zusätzlich, außerdem*
moreover	– *außerdem, darüber hinaus*
what is more …	– *dazu kommt …*
in other words	– *mit anderen Worten*
finally	– *schließlich*
last but not least	– *zu guter Letzt*

Schlussfolgerungen

consequently	– *folglich, daher*
as a result	– *folglich, daher*
for this reason	– *daher, aus diesem Grund*
that's why	– *daher, deshalb*
thus, …	– *demzufolge …*
therefore	– *deshalb*
hence, …	– *daher …*
Considering all this …	– *Betrachtet man all dies …*
Taking all this into account …	– *Wenn man all dies berücksichtigt …*
To sum it up …	– *Zusammengefasst …*
On the whole …	– *Insgesamt …*
Due to …	– *Wegen/Aufgrund von …*
Because of …	– *Wegen/Aufgrund von …*
In other words …	– *Anders ausgedrückt …*

Abwägen/Diskutieren

however	– *jedoch, aber*
yet	– *allerdings, jedoch*
on the one hand/on the other hand	– *einerseits/andererseits*
as far as … is concerned	– *was … betrifft*

in contrast to/contrary to	– *im Gegensatz zu*
in spite of/despite	– *trotz*
obviously	– *offensichtlich*
apparently/seemingly	– *anscheinend*
whereas	– *während, wohingegen*
instead of	– *anstatt*
nevertheless	– *nichtsdestoweniger, dennoch, trotzdem*
although	– *obwohl*

Um ein gutes Gefühl dafür zu bekommen, wie die *useful phrases* eingesetzt werden können, lohnt es sich, Musterlösungen zu lesen und Gliederungselemente und hilfreiche **Wendungen** im Text zu markieren.

Analyse eines Cartoons oder Bildes

- Lesen Sie den Arbeitsauftrag genau, bevor Sie mit Ihrer Analyse beginnen. In der Regel enthält dieser bereits die wesentlichen Informationen zum Thema des Cartoons oder Bildes. Zudem wird oft ein weiterführender Kommentar zum Thema des Bildes gefordert. Hier finden Sie zwei Beispiele für mögliche Aufgabenstellungen:
  - *Briefly describe the cartoon and comment on the problem of plastic and microplastics for the environment.*

    Write 270–330 words.

    (Abschlussprüfung 2020, Vorschlag B)

    In dieser Aufgabenstellung ist bereits enthalten, welches Grundthema im Cartoon dargestellt wird. Wenn Sie sich den Cartoon in der entsprechenden Prüfung ansehen, fällt auf, dass der Kommentar (Problematik von Plastik und Mikroplastik) über das dargestellte Problem (Plastikverschmutzung der Meere) hinausgehen soll.
  - *Describe the cartoon and comment on its message.*

    Write 270–330 words.

    (Abschlussprüfung 2019, Vorschlag A)

    Im Falle dieser Aufgabenstellung wird mehr Eigenleistung von Ihnen erwartet. Sie müssen selbst das Thema des Cartoons analysieren und dazu Stellung nehmen.
- Beschreiben Sie nach einer kurzen Hinführung das Bild oder den Cartoon und die dazugehörigen Bildtexte. Nutzen Sie hierfür das *present progressive*.

Tipps für die Bildbeschreibung/ Cartoonanalyse	
	• Falls Sie diese kennen, können Sie in der Einführung auf Hintergrundinformationen wie den Zeichner oder die Zeichnerin, die Quelle oder das Erscheinungsjahr des Bildes eingehen.
	Gehen Sie in Ihrer **Beschreibung** auf folgende Aspekte ein: • die dargestellten Personen und Objekte • die dargestellten Handlungen • den Ort • Besonderheiten der Darstellung (z. B. verzerrte Größendarstellungen, besondere Kleidung, Gesichtsausdrücke, Körpersprache, Farben) • Textelemente wie Sprechblasen oder Bildunterschriften
	Beachten Sie bei der **Analyse** folgende Fragestellung: • Was ist die Grundaussage? • Welche Gegenstände und Figuren haben Symbolcharakter? Falls Sie Probleme haben, die Aussage des Bildmaterials zu deuten, konzentrieren Sie sich auf die Beschreibung und den anschließenden Kommentar.
	Stellen Sie für den **Kommentar** folgende Überlegungen an: • Was ist Ihre persönliche Meinung zum Thema? • Stimmen Sie mit der Aussage des Bildes überein? • Überzeugt Sie die gewählte Darstellung?

Useful phrases

Einleitung

The cartoon drawn by … published in/on … in the year … – *Der Cartoon, der von … gezeichnet und … (Jahresangabe) in/auf … veröffentlicht wurde, …*

Beschreibung

The picture/photo was taken in/at … – *Das Bild/Foto wurde in/bei … aufgenommen.*

The picture shows a scene from … – *Das Bild zeigt eine Szene, in der …*

The cartoon shows … – *Der Cartoon zeigt …*

In the picture you can see … – *Im Bild sieht man …*

In the background … – *Im Hintergrund …*

In the foreground … – *Im Vordergrund …*

In the centre of the cartoon/picture … – *In der Mitte des Cartoons/Bildes …*

on the right-hand side	–	*rechts/auf der rechten Seite*
on the left-hand side	–	*links/auf der linken Seite*

Analyse

He/She/It stands for/represents/ symbolizes/shows …	–	*Er/Sie/Es steht für/repräsentiert/symbolisiert/ zeigt …*
The cartoonist emphasizes/ criticizes/wants to express the idea that …	–	*Der Zeichner/Die Zeichnerin betont/kritisiert/ möchte die Idee zum Ausdruck bringen, dass …*
The cartoon conveys the message that …	–	*Der Cartoon vermittelt die Botschaft, dass …*

Schlussfolgerung/Kommentar

I agree that … (but …)	–	*Ich stimme zu, dass … (aber …)*
In my opinion …	–	*Meiner Meinung nach …*
I entirely/partly agree with …	–	*Ich stimme vollkommen/teilweise zu …*
I have my doubts as to …	–	*Ich habe meine Zweifel, was … betrifft.*

Analyse von Grafiken und Statistiken

- Grafiken und Statistiken können in unterschiedlichen Formen auftauchen. Am häufigsten wird Ihnen das Balkendiagramm *(bar chart)* begegnen, am zweithäufigsten das Liniendiagramm (*line graph*, meist um zeitliche Entwicklungen darzustellen). Auch Tabellen *(tables)* und Tortendiagramme *(pie charts)* können vorkommen.
- Beschreiben Sie nach einer kurzen Hinführung die Grafiken und alle dazugehörigen Elemente. Teil der Aufgabe ist in der Regel ein Kommentar oder eine Diskussion der dargestellten Inhalte.

Tipps für die Analyse von Grafiken und Statistiken	
	• Finden Sie heraus, um was es in der Grafik geht. Nicht immer liefert der Titel schon alle notwendigen Informationen.
	• Fassen Sie zunächst die Aussage des Diagramms oder der Grafik in einem Satz zusammen.
	• Konzentrieren Sie sich auf die wesentlichen Inhalte der Grafik. In der Regel muss nicht jedes einzelne Detail beschrieben werden.

Useful phrases

Einleitung

The bar chart deals with … – *Da Balkendiagramm behandelt …*

The line graph shows … – *Das Liniendiagramm zeigt …*

The table is about … – *In der Tabelle geht es um …*

Beschreibung

line chart – *Liniendiagramm*

bar chart – *Balkendiagramm*

pie chart – *Tortendiagramm*

table – *Tabelle*

to increase/go up/rise – *ansteigen*

to decrease/go down/fall – *fallen/sinken*

to remain stable – *stagnieren/gleich bleiben*

rapidly – *schnell*

slowly – *langsam*

steadily – *kontinuierlich/stetig*

Analyse

The table highlights … – *Die Tabelle betont …*

The table compares (the number of) … with … – *Die Tabelle vergleicht (die Zahl der) … mit …*

Schlussfolgerung *vgl. Cartoon-/Bildbeschreibung (S. X)*

Viele weitere hilfreiche Wendungen zum Bereich „Writing“ enthalten übrigens unsere MindCards, auf die Sie u. a. über nebenstehenden QR-Code Zugriff haben.

Kurzgrammatik

Besonderheiten einiger Wortarten

1 Adjektive und Adverbien – *Adjectives and Adverbs*

Bildung und Verwendung von Adverbien – *Formation and Use of Adverbs*

Bildung Adjektiv + *-ly*	glad → gladly
Ausnahmen: • *-y* am Wortende wird zu *-i*	easy → easily funny → funnily
• auf einen Konsonanten folgendes *-le* wird zu *-ly*	simple → simply probable → probably
• *-ic* am Wortende wird zu *-ically* Ausnahme:	fantastic → fantastically public → publicly

Beachte: • Unregelmäßig gebildet wird:	good → well
• Endet das Adjektiv auf *-ly*, so kann kein Adverb gebildet werden; man verwendet deshalb: *in a* + Adjektiv + *manner/way*	friendly → in a friendly manner
• In einigen Fällen haben Adjektiv und Adverb dieselbe Form, z. B.:	daily, early, fast, hard, long, low, weekly, yearly
• Manche Adjektive bilden zwei Adverbformen, die sich in der Bedeutung unterscheiden, z. B.:	

Adj./Adv.	Adv. auf *-ly*	
hard schwierig, hart	*hardly* kaum	The task is hard. (adjective) *Die Aufgabe ist schwierig.* She works hard. (adverb) *Sie arbeitet hart.* She hardly works. (adverb) *Sie arbeitet kaum.*
late spät	*lately* neulich, kürzlich	
near nahe	*nearly* beinahe	

Verwendung Adverbien bestimmen	
• Verben,	She easily found her brother in the crowd. *Sie fand ihren Bruder leicht in der Menge.*
• Adjektive,	This band is extremely famous. *Diese Band ist sehr berühmt.*
• andere Adverbien oder	He walks extremely quickly. *Er geht äußerst schnell.*
• einen ganzen Satz näher.	Fortunately, nobody was hurt. *Glücklicherweise wurde niemand verletzt.*

Beachte: Nach bestimmten Verben, die einen **Zustand** ausdrücken, steht nicht das Adverb, sondern das Adjektiv, z. B.: *to be* sein *to become* werden *to get* werden *to seem* scheinen *to stay* bleiben	Everything seems quiet. *Alles scheint ruhig zu sein.*
Nach manchen Verben kann entweder ein Adjektiv oder ein Adverb folgen (z. B. nach *to feel, to look, to smell, to taste*). Mit Adverb beschreiben diese Verben eine **Tätigkeit**, mit Adjektiv eine **Eigenschaft** des Subjekts.	Harry looks happy! *(Eigenschaft)* *Harry sieht glücklich aus.* Harry looks happily at his cake. *(Tätigkeit)* *Harry schaut glücklich auf seinen Kuchen.*

Steigerung des Adjektivs – *Comparison of Adjectives*

Bildung Man unterscheidet:	
• Grundform/Positiv *(positive)*	Peter is young.
• Komparativ *(comparative)*	Jane is younger.
• Superlativ *(superlative)*	Paul is the youngest.

Steigerung auf *-er, -est*

- einsilbige Adjektive

old, older, oldest
alt, älter, am ältesten

- zweisilbige Adjektive, die auf *-er, -le, -ow* oder *-y* enden

clever, cleverer, cleverest
klug, klüger, am klügsten

simple, simpler, simplest
einfach, einfacher, am einfachsten

narrow, narrower, narrowest
eng, enger, am engsten

funny, funnier, funniest
lustig, lustiger, am lustigsten

Beachte:

- stummes *-e* am Wortende entfällt

simple, simpler, simplest

- nach einem Konsonanten wird *-y* am Wortende zu *-i-*

funny, funnier, funniest

- nach betontem Vokal wird ein Konsonant am Wortende verdoppelt

fit, fitter, fittest

Steigerung mit *more …, most …*

- zweisilbige Adjektive, die nicht auf *-er, -le, -ow* oder *-y* enden

useful, more useful, most useful
nützlich, nützlicher, am nützlichsten

- Adjektive mit drei und mehr Silben

difficult, more difficult, most difficult
schwierig, schwieriger, am schwierigsten

Unregelmäßige Steigerung

Die unregelmäßig gesteigerten Adjektive muss man auswendig lernen. Besonders wichtig sind z. B.:

good, better, best
gut, besser, am besten

bad, worse, worst
schlecht, schlechter, am schlechtesten

Steigerungsformen im Satz – *Sentences with Comparisons*

Es gibt folgende Möglichkeiten, Steigerungen im Satz zu verwenden:

- **Positiv:** Zwei oder mehr Personen oder Sachen sind **gleich oder ungleich:** *(not) as* + Grundform des Adjektivs + *as*

  Anne is as tall as John (and Steve).
  Anne ist genauso groß wie John (und Steve).

  John is not as tall as Steve.
  John ist nicht so groß wie Steve.

- **Komparativ:** Zwei oder mehr Personen/Sachen sind **verschieden** (größer/besser …): Komparativform des Adjektivs + *than*

  Steve is taller than Anne.
  Steve ist größer als Anne.

- **Superlativ:** Eine Person oder Sache wird besonders hervorgehoben (der/die/das größte/beste …): *the* + Superlativform des Adjektivs

  Steve is the tallest boy in class.
  Steve ist der größte Junge in der Klasse.

Steigerung des Adverbs – *Comparison of Adverbs*

Adverbien können wie Adjektive auch gestcigert werden.

- Adverbien auf *-ly* werden mit *more, most* bzw. mit *less, least* gesteigert.

  She talks more quickly than John.
  Sie spricht schneller als John.

- Adverbien, die dieselbe Form wie das Adjektiv haben, werden mit *-er, -est* gesteigert.

fast	–	faster	–	fastest
early	–	earlier	–	earliest

- Manche Adverbien haben unregelmäßige Steigerungsformen, z. B.:

well	–	better	–	best
badly	–	worse	–	worst
little	–	less	–	least
much	–	more	–	most

Die Stellung von adverbialen Bestimmungen im Satz

Adverbiale Bestimmungen können verschiedene Positionen im Satz einnehmen:

- Am **Anfang des Satzes**, vor dem Subjekt *(front position)*

  Tomorrow he will be in London.
  Morgen [betont] wird er in London sein.
  Unfortunately, I can't come to the party.
  Leider kann ich nicht zur Party kommen.

• **Im Satz** *(mid position)* vor dem Vollverb,	She <u>often</u> goes to school by bike. *Sie fährt oft mit dem Rad in die Schule.*
nach *to be*,	She is <u>already</u> at home. *Sie ist schon zu Hause.*
nach dem ersten Hilfsverb.	You can <u>even</u> go swimming there. *Man kann dort sogar schwimmen gehen.*
• Am **Ende des Satzes** *(end position)*	He will be in London <u>tomorrow</u>. *Er wird morgen in London sein.*
Gibt es mehrere Adverbiale am Satzende, so gilt die **Reihenfolge**: Art und Weise – Ort – Zeit *(manner – place – time)*	The snow melts <u>slowly</u> <u>in the mountains</u> <u>at springtime</u>. *Im Frühling schmilzt der Schnee langsam in den Bergen.*

2 Artikel – *Article*

Der **bestimmte Artikel** steht, wenn man von einer **ganz bestimmten Person oder Sache** spricht.	<u>The</u> cat is sleeping on the sofa. *Die Katze schläft auf dem Sofa. [nicht irgendeine Katze, sondern eine bestimmte]*
Beachte: Der bestimmte Artikel steht unter anderem **immer** in folgenden Fällen:	
• **abstrakte Begriffe**, die näher erläutert sind	<u>The</u> agriculture practised in the USA is very successful. *Die Landwirtschaft, wie sie in den USA praktiziert wird, ist sehr erfolgreich.*
• **Gebäudebezeichnungen**, wenn man vom Gebäude und nicht von der Institution spricht	<u>The</u> university should be renovated soon. *Die Universität sollte bald renoviert werden.*
• **Eigennamen im Plural** (Familiennamen, Gebirge, Inselgruppen, einige Länder etc.)	<u>the</u> Johnsons, <u>the</u> Rockies, <u>the</u> Hebrides, <u>the</u> Netherlands, <u>the</u> USA
• Namen von **Flüssen** und **Meeren**	<u>the</u> Mississippi, <u>the</u> North Sea, <u>the</u> Pacific Ocean

Der **unbestimmte Artikel** steht, wenn man von einer **nicht näher bestimmten Person oder Sache** spricht.	<u>A</u> man is walking down the road. *Ein Mann läuft gerade die Straße entlang. [irgendein Mann]*

Beachte: Der unbestimmte Artikel steht **häufig** bei:	
• **Berufsbezeichnungen** und **Nationalitäten**	She is an engineer. *Sie ist Ingenieurin.* He is a Scot(sman). *Er ist Schotte.*
• Zugehörigkeit zu einer **Religion** oder **Partei**	She is a Catholic. *Sie ist katholisch.* He is a Tory. *Er ist Mitglied der Tories.*

In diesen Fällen steht **kein Artikel**:	
• **nicht zählbare** Nomen wie z. B. **Stoffbezeichnungen**	Gold is very valuable. *Gold ist sehr wertvoll.*
• **abstrakte Nomen** ohne nähere Bestimmung	Buddhism is widespread in Asia. *Der Buddhismus ist in Asien weit verbreitet.*
• **Kollektivbegriffe**, z. B. *man* (= der Mensch bzw. alle Menschen), *society*	Man is responsible for global warming. *Der Mensch ist für die Klimaerwärmung verantwortlich.*
• **Institutionen**, z. B. *school, church, university, prison*	We went to school together. *Wir gingen zusammen zur Schule.*
• **Mahlzeiten**, z. B. *breakfast, lunch*	Dinner is at 8 p.m. *Das Abendessen ist um 20 Uhr.*
• *by* + **Verkehrsmittel**	I went to school by bike. *Ich fuhr mit dem Fahrrad zur Schule.*
• **Personennamen** (auch mit Titel), **Verwandtschaftsbezeichnungen**, die wie Namen verwendet werden	Tom, Mr Scott, Queen Elizabeth, Dr Hill, Dad, Uncle Harry
• Bezeichnungen für **Straßen, Plätze, Brücken, Parkanlagen**	Fifth Avenue, Trafalgar Square, Westminster Bridge, Hyde Park
• Namen von **Ländern, Kontinenten, Städten, Seen, Inseln, Bergen**	France, Asia, San Francisco, Loch Ness, Corsica, Ben Nevis

3 Pronomen – *Pronouns*

Possessivbegleiter und -pronomen – *Possessive Determiners and Pronouns*

„Possessiv“ bedeutet **besitzanzeigend**. Man verwendet diese Formen, um zu sagen, **wem etwas gehört**. Man unterscheidet Possessivbegleiter, die mit einem Substantiv stehen, und Possessivpronomen (sie ersetzen ein Substantiv):

mit Substantiv	ohne Substantiv		
my	*mine*	This is my bike.	– This is mine.
your	*yours*	This is your bike.	– This is yours.
his/her/its	*his/hers/–*	This is her bike.	– This is hers.
our	*ours*	This is our bike.	– This is ours.
your	*yours*	This is your bike.	– This is yours.
their	*theirs*	This is their bike.	– This is theirs.

Reflexivpronomen – *Reflexive Pronouns*

Reflexivpronomen *(reflexive pronouns)* **beziehen sich auf das Subjekt** des Satzes **zurück**.

myself	I will look after myself.
yourself	You will look after yourself.
himself / herself / itself	He will look after himself.
ourselves	We will look after ourselves.
yourselves	You will look after yourselves.
themselves	They will look after themselves.

Beachte:

- Einige Verben stehen ohne Reflexivpronomen, obwohl im Deutschen mit „mich, dich, sich etc." übersetzt wird.

I apologise …
Ich entschuldige mich …
He is hiding.
Er versteckt sich.

- Einige Verben können sowohl mit einem Objekt als auch mit einem Reflexivpronomen verwendet werden. Dabei ändert sich die Bedeutung, z. B. bei *to enjoy* und *to help.*

He is enjoying the party.
Er genießt die Party.
She is enjoying herself.
Sie amüsiert sich.

He is helping the child.
Er hilft dem Kind.
Help yourself!
Bedienen Sie sich!

Reziprokes Pronomen – *Reciprocal Pronoun* ("each other/one another")

each other/one another ist unveränderlich. Es bezieht sich auf **zwei oder mehr Personen** und wird mit „sich (gegenseitig)/einander" übersetzt.	They looked at each other and laughed. *Sie schauten sich (gegenseitig) an und lachten.* *oder:* *Sie schauten einander an und lachten.*
Beachte: Einige Verben stehen ohne *each other*, obwohl im Deutschen mit „sich" übersetzt wird.	to meet — *sich treffen* to kiss — *sich küssen* to fall in love — *sich verlieben*

4 Präpositionen – *Prepositions*

Präpositionen *(prepositions)* drücken **räumliche, zeitliche oder andere Arten von Beziehungen** aus.	The ball is under the table. He came home after six o'clock.
Die wichtigsten Präpositionen mit Beispielen für ihre Verwendung:	
• *at* Ortsangabe: *at home*	I'm at home now. *Ich bin jetzt zu Hause.*
Zeitangabe: *at 3 p.m.*	He arrived at 3 p.m. *Er kam um 15 Uhr an.*
• *by* Angabe des Mittels: *by bike*	She went to work by bike. *Sie fuhr mit dem Rad zur Arbeit.*
Angabe der Ursache: *by mistake*	He did it by mistake. *Er hat es aus Versehen getan.*
Zeitangabe: *by tomorrow*	You will get the letter by tomorrow. *Du bekommst den Brief bis morgen.*
• *for* Zeitdauer: *for hours*	We waited for the bus for hours. *Wir warteten stundenlang auf den Bus.*
• *from* Ortsangabe: *from Dublin*	Ian is from Dublin. *Ian kommt aus Dublin.*
Zeitangabe: *from nine to five*	We work from nine to five. *Wir arbeiten von neun bis fünf Uhr.*
• *in* Ortsangabe: *in England*	In England, they drive on the left. *In England herrscht Linksverkehr.*

Zeitangabe: *in the morning*

They woke up in the morning.
Sie wachten am Morgen auf.

- *of*
  Besitz/Zugehörigkeit/Teilmenge: *north of the city, owner of the pub*

The village lies north of the city.
Das Dorf liegt nördlich der Stadt.

- *on*
  Ortsangabe: *on the left,*
  on the floor

On the left you see the London Eye.
Links sehen Sie das London Eye.

Zeitangabe: *on Monday*

On Monday she will buy the tickets.
(Am) Montag kauft sie die Karten.

- *to*
  Richtungsangabe: *to the left*

Please turn to the left.
Bitte wenden Sie sich nach links.

Angabe des Ziels: *to London*

He goes to London every year.
Er fährt jedes Jahr nach London.

5 Modale Hilfsverben – *Modal Auxiliaries*

Zu den **modalen Hilfsverben** *(modal auxiliaries)* zählen z. B. *can, may* und *must.*

Bildung

- Die modalen Hilfsverben haben für alle Personen **nur eine Form**: kein *-s* in der 3. Person Singular.

I, you, he/she/it, we, you, they } must

- Auf ein modales Hilfsverb folgt der **Infinitiv ohne** ***to***.

You must listen to my new CD.
Du musst dir meine neue CD anhören.

- **Frage und Verneinung** werden nicht mit *do/did* umschrieben.

Can you help me, please?
Kannst du mir bitte helfen?

Die modalen Hilfsverben können nicht alle Zeiten bilden. Deshalb benötigt man **Ersatzformen** (können auch im Präsens verwendet werden).

- ***can*** (können)
  Ersatzformen:
  (to) be able to (Fähigkeit),
  (to) be allowed to (Erlaubnis)

I can sing./I was able to sing.
Ich kann singen. / Ich konnte singen.

You can't go to the party./
I wasn't allowed to go to the party.
Du darfst nicht auf die Party gehen./
Ich durfte nicht auf die Party gehen.

Beachte: Im *simple past* und *conditional I* ist auch *could* möglich.

When I was three, I could already ski.
Mit drei konnte ich schon Ski fahren.

- ***may*** (dürfen) – sehr höflich
  Ersatzform: ***(to) be allowed to***

You may go home early. / You were allowed to go home early.
Du darfst früh nach Hause gehen. / Du durftest früh nach Hause gehen.

- ***must*** (müssen)
  Ersatzform: ***(to) have to***

He must be home by ten o'clock. / He had to be home by ten o'clock.
Er muss um zehn Uhr zu Hause sein. / Er musste um zehn Uhr zu Hause sein.

Beachte:
must not/mustn't = „nicht dürfen"

You must not eat all the cake.
Du darfst nicht den ganzen Kuchen essen.

„nicht müssen, nicht brauchen" = ***not have to, needn't***

You don't have to/needn't eat all the cake.
Du musst nicht den ganzen Kuchen essen. / Du brauchst nicht … zu essen.

Infinitiv, Gerundium oder Partizip? – Die infiniten Verbformen

6 Infinitiv – *Infinitive*

Der **Infinitiv** (Grundform des Verbs) **mit *to*** steht z. B. **nach**

- bestimmten **Verben**, z. B.:

to decide	(sich) entscheiden, beschließen
to expect	erwarten
to hope	hoffen
to manage	schaffen
to plan	planen
to promise	versprechen
to want	wollen

He decided to wait.
Er beschloss zu warten.

- bestimmten **Substantiven und Pronomen** *(something, anything)*, z. B.:

attempt	Versuch
idea	Idee
plan	Plan
wish	Wunsch

We haven't got anything to eat at home.
Wir haben nichts zu essen zu Hause.

It was her plan to visit him in May.
Sie hatte vor, ihn im Mai zu besuchen.

- bestimmten **Adjektiven** (auch in Verbindung mit *too/enough*) und deren Steigerungsformen, z. B.:

certain	sicher
difficult/hard	schwer, schwierig
easy	leicht

Maths is often difficult to understand.
Mathe ist oft schwer zu verstehen.

- **Fragewörtern**, wie z. B. *what, where, which, who, when, how* und nach *whether*. Diese Konstruktion ersetzt eine indirekte Frage mit modalem Hilfsverb.

We knew where to find her./
We knew where we would find her.
Wir wussten, wo wir sie finden würden.

Die Konstruktion **Objekt + Infinitiv** wird im Deutschen oft mit einem „dass"-Satz übersetzt.
Sie steht z. B. **nach**

- bestimmten **Verben**, z. B.:

to allow	erlauben
to get	veranlassen
to help	helfen
to persuade	überreden

She allowed him to go to the cinema.
Sie erlaubte ihm, dass er ins Kino geht./ … ins Kino zu gehen.

- **Verb + Präposition**, z. B.:

to count on	rechnen mit
to rely on	sich verlassen auf
to wait for	warten auf

She relies on him to arrive in time.
Sie verlässt sich darauf, dass er rechtzeitig ankommt.

- **Adjektiv + Präposition**, z. B.:

easy for	leicht
necessary for	notwendig
nice of	nett
silly of	dumm

It is necessary for you to study more.
Es ist notwendig, dass du mehr lernst.

- **Substantiv + Präposition**, z. B.:

opportunity for	Gelegenheit
idea for	Idee
time for	Zeit
mistake for	Fehler

Work experience is a good opportunity for you to find out which job suits you.
Ein Praktikum ist eine gute Gelegenheit, herauszufinden, welcher Beruf zu dir passt.

- einem **Adjektiv**, das durch ***too*** oder ***enough*** näher bestimmt wird.

The box is too heavy for me to carry.
Die Kiste ist mir zu schwer zum Tragen.

The weather is good enough for us to go for a walk. *Das Wetter ist gut genug, dass wir spazieren gehen können.*

7 Gerundium (-*ing*-Form) – *Gerund*

Bildung
Infinitiv + *-ing*

read → reading

Beachte:

- stummes *-e* entfällt — write → writing
- nach kurzem betontem Vokal: Schlusskonsonant verdoppelt — stop → stopping
- *-ie* wird zu *-y* — lie → lying

Verwendung

Das *gerund* kann sowohl **Subjekt** als auch **Objekt** eines Satzes sein.

Skiing is fun. *Skifahren macht Spaß.*
He has given up smoking. *Er hat mit dem Rauchen aufgehört.*

Die *-ing*-Form steht z. B. nach:

- bestimmten **Verben**, z. B.:

to avoid	vermeiden
to enjoy	genießen, gern tun
to keep (on)	weitermachen
to miss	vermissen
to risk	riskieren
to suggest	vorschlagen

He enjoys reading comics.
Er liest gerne Comics.

You risk losing a friend.
Du riskierst, einen Freund zu verlieren.

- **Verb + Präposition**, z. B.:

to agree with	zustimmen
to believe in	glauben an
to dream of	träumen von
to look forward to	sich freuen auf
to talk about	sprechen über

She dreams of meeting a star.
Sie träumt davon, einen Star zu treffen.

- **Adjektiv + Präposition**, z. B.:

(be) afraid of	sich fürchten vor
famous for	berühmt für
good/bad at	gut/schlecht in
interested in	interessiert an

He is afraid of losing his job.
Er hat Angst, seine Arbeit zu verlieren.

- **Substantiv + Präposition**, z. B.:

chance of	Chance, Aussicht
danger of	Gefahr
reason for	Grund
way of	Art und Weise

Do you have a chance of getting the job?
Hast du Aussicht, die Stelle zu bekommen?

- nach bestimmten **Präpositionen**, wie z. B.:

after	nachdem
before	bevor
by	indem, dadurch, dass
in spite of	trotz
instead of	statt

Before leaving the room he said goodbye.
Bevor er den Raum verließ, verabschiedete er sich.

8 Infinitiv oder Gerundium? – *Infinitive or Gerund?*

Einige Verben können sowohl **mit** dem **Infinitiv** als auch **mit der -*ing*-Form** stehen, **ohne** dass sich die **Bedeutung ändert**, z. B. *to love, to hate, to prefer, to start, to begin, to continue.*

I hate getting up early.
I hate to get up early.
Ich hasse es, früh aufzustehen.

Bei manchen Verben **ändert sich** jedoch die **Bedeutung**, je nachdem, ob sie mit Infinitiv oder mit der -*ing*-Form verwendet werden, z. B. *to remember, to forget, to stop.*

- *to remember* + Infinitiv: „daran denken, etwas zu tun"

  I must remember to post the invitations.
  Ich muss daran denken, die Einladungen einzuwerfen.

  to remember + *ing*-Form: „sich erinnern, etwas getan zu haben"

  I remember posting the invitations.
  Ich erinnere mich daran, die Einladungen eingeworfen zu haben.

- *to forget* + Infinitiv: „vergessen, etwas zu tun"

  Don't forget to water the plants.
  Vergiss nicht, die Pflanzen zu gießen.

  to forget + *ing*-Form: „vergessen, etwas getan zu haben"

  I'll never forget meeting the President.
  Ich werde nie vergessen, wie ich den Präsidenten traf.

- *to stop* + Infinitiv: „stehen bleiben, um etwas zu tun"

  I stopped to read the road sign.
  Ich hielt an, um das Verkehrsschild zu lesen.

  to stop + *ing*-Form: „aufhören, etwas zu tun"

  He stopped laughing.
  Er hörte auf zu lachen.

9 Partizipien – *Participles*

Partizip Präsens – *Present Participle*

Bildung
Infinitiv + *ing*
Sonderformen: siehe *gerund*
(S. G 11 f.)

talk → talking

Verwendung
Das *present participle* verwendet man zur Bildung der Verlaufsformen, z. B.

- zur Bildung des *present progressive,*

  Peter is reading.
  Peter liest (gerade).

- zur Bildung des *past progressive,*

  Peter was reading when I saw him.
  Peter las (gerade), als ich ihn sah.

- zur Bildung des *present perfect progressive,*

  I have been living in Sydney for 5 years.
  Ich lebe seit 5 Jahren in Sydney.

- zur Bildung des *future progressive,*

  This time tomorrow I will be working.
  Morgen um diese Zeit werde ich arbeiten.

oder wie ein Adjektiv, wenn es vor einem Substantiv steht.

The village hasn't got running water.
Das Dorf hat kein fließendes Wasser.

Partizip Perfekt – *Past Participle*

Bildung
Infinitiv + *-ed*

talk → talked

Beachte:

- stummes *-e* entfällt — live → lived
- nach betontem Vokal wird der Schlusskonsonant verdoppelt — stop → stopped
- *-y* wird zu *-ie* — cry → cried
- unregelmäßige Verben (S. G 31 f.) — be → been

Verwendung
Das *past participle* verwendet man zur Bildung der Perfektformen, z. B.

- zur Bildung des *present perfect,*

  He hasn't talked to Tom yet.
  Er hat noch nicht mit Tom gesprochen.

• zur Bildung des *past perfect*,	Before they went biking in France, they had bought new bikes. *Bevor sie nach Frankreich zum Radfahren gingen, hatten sie neue Fahrräder gekauft.*
• zur Bildung des *future perfect*,	The letter will have arrived by then. *Der Brief wird bis dann angekommen sein.*
zur Bildung des Passivs	The fish was eaten by the cat. *Der Fisch wurde von der Katze gefressen.*
oder wie ein Adjektiv, wenn es vor einem Substantiv steht.	Peter has got a well-paid job. *Peter hat eine gut bezahlte Stelle.*

Verkürzung eines Nebensatzes durch ein Partizip

Adverbiale Nebensätze (meist kausale oder temporale Bedeutung) und **Relativsätze** können durch ein Partizip verkürzt werden.	She watches the news, because she wants to stay informed. Wanting to stay informed, she watches the news. *Sie sieht sich die Nachrichten an, weil sie informiert bleiben möchte.*
Das Zeitverhältnis zwischen Haupt- und Nebensatz bestimmt die Form des Partizips:	
• Das *present participle* verwendet man, um **Gleichzeitigkeit** mit der Haupthandlung auszudrücken.	He did his homework listening to music. *Er machte seine Hausaufgaben und hörte dabei Musik.*
• *Having + past participle* verwendet man, um auszudrücken, dass die **Nebenhandlung vor der Haupthandlung** geschah.	Having done his homework, he listened to music. *Nachdem er seine Hausaufgaben gemacht hatte, hörte er Musik.*
• Das *past participle* verwendet man auch, um einen Satz im **Passiv** zu verkürzen.	Sally is a manager in a five-star hotel which is called Pacific View. Sally is a manager in a five-star hotel called Pacific View.

Beachte: • Man kann einen Temporal- oder Kausalsatz verkürzen, wenn **Haupt- und Nebensatz dasselbe Subjekt** haben.	When he was walking down the street, he saw Jo. (When) walking down the street, he saw Jo. *Als er die Straße entlangging, sah er Jo.*

• Bei **Kausalsätzen** entfallen die Konjunktionen *as, because* und *since* im verkürzten Nebensatz.	As he was hungry, he bought a sandwich. Being hungry, he bought a sandwich. *Da er hungrig war, kaufte er ein Sandwich.*
• In einem **Temporalsatz** bleibt die einleitende **Konjunktion** häufig erhalten, um dem Satz eine **eindeutige Bedeutung** zuzuweisen.	When he left, he forgot to lock the door. When leaving, he forgot to lock the door. *Als er ging, vergaß er, die Tür abzuschließen.*
	Tara got sick eating too much chocolate. *Tara wurde schlecht, als/während/da sie zu viel Schokolade aß. [verschiedene Deutungen möglich]*
Die Vorzeitigkeit einer Handlung kann durch ***after + present participle*** oder durch ***having + past participle*** ausgedrückt werden.	After finishing / Having finished breakfast, he went to work. *Nachdem er sein Frühstück beendet hatte, ging er zur Arbeit.*
• Bei **Relativsätzen** entfallen die Relativpronomen *who, which* und *that*.	I saw a six-year-old boy who played the piano. I saw a six-year-old boy playing the piano. *Ich sah einen sechsjährigen Jungen, der gerade Klavier spielte. / … Klavier spielen.*

Verbindung von zwei Hauptsätzen durch ein Partizip

Zwei Hauptsätze können durch ein Partizip verbunden werden, wenn sie **dasselbe Subjekt** haben. **Beachte:** • Das Subjekt des zweiten Hauptsatzes und die Konjunktion *and* entfallen. • Die Verbform des zweiten Hauptsatzes wird durch das Partizip ersetzt.	He did his homework and he listened to the radio. He did his homework listening to the radio. *Er machte seine Hausaufgaben und hörte Radio.*

Unverbundene Partizipialkonstruktionen – *Absolute Participle Constructions*

Unverbundene Partizipialkonstruktionen haben ein **eigenes Subjekt**, das nicht mit dem Subjekt des Hauptsatzes übereinstimmt. Sie werden in **gehobener Sprache** verwendet.
Mit einleitendem ***with*** werden sie auf allen Stilebenen verwendet.

The sun having come out, the ladies went for a walk in the park.
Da die Sonne herausgekommen war, gingen die Damen im Park spazieren.

With the telephone ringing, she jumped out of bed.
Als das Telefon klingelte, sprang sie aus dem Bett.

Bildung und Gebrauch der finiten Verbformen

10 Zeiten – *Tenses*

Simple Present

Bildung
Grundform (= Infinitiv), Ausnahme:
3. Person Singular: Infinitiv + *-s*

stand – he/she/it stands

Beachte:

- Bei Verben, die auf Laute wie *-s, -sh, -ch, -x* und *-z* enden, wird in der 3. Person Singular *-es* angefügt.

kiss – he/she/it kisses
rush – he/she/it rushes
teach – he/she/it teaches
fix – he/she/it fixes

- Bei Verben, die auf Konsonant + *-y* enden, wird *-es* angefügt; *-y* wird zu *-i-*.

carry – he/she/it carries

Bildung von Fragen im *simple present*
(Fragewort +) *do/does* + Subjekt + Infinitiv

Where does he live? / Does he live in London?
Wo lebt er? / Lebt er in London?

Beachte:
Die Umschreibung mit *do/does* wird nicht verwendet,

- wenn nach dem Subjekt gefragt wird (mit *who, what, which*),

Who likes pizza?
Wer mag Pizza?
Which tree has more leaves?
Welcher Baum hat mehr Blätter?

- wenn die Frage mit *is/are* gebildet wird.

Are you happy?
Bist du glücklich?

Bildung der Verneinung im *simple present*
don't/doesn't + Infinitiv

He doesn't like football.
Er mag Fußball nicht.

Verwendung
Das *simple present* wird verwendet:

- bei Tätigkeiten, die man **gewohnheitsmäßig** oder häufig ausführt
  Signalwörter: z. B. *always, often, never, every day, every morning, every afternoon*

  Every morning John buys a newspaper.
  Jeden Morgen kauft John eine Zeitung.

- bei **allgemeingültigen** Aussagen

  London is a big city.
  London ist eine große Stadt.

- bei **Zustandsverben**: Sie drücken Eigenschaften / Zustände von Personen und Dingen aus und stehen normalerweise nur in der *simple form*, z. B. *to hate, to know, to like.*

  I like science-fiction films.
  Ich mag Science-Fiction-Filme.

Present Progressive / Present Continuous

Bildung
am/is/are + present participle

read → am/is/are reading

Bildung von Fragen im *present progressive*
(Fragewort +) *am/is/are* + Subjekt + *present participle*

Is Peter reading?/What is he reading?
Liest Peter gerade?/Was liest er?

Bildung der Verneinung im *present progressive*
am not/isn't/aren't + present participle

Peter isn't reading.
Peter liest gerade nicht.

Verwendung
Mit dem *present progressive* drückt man aus, dass etwas **gerade passiert** und **noch nicht abgeschlossen** ist. Es wird daher auch als **Verlaufsform** der Gegenwart bezeichnet.

Signalwörter: *at the moment, now*

At the moment, Peter is drinking a cup of tea.
Im Augenblick trinkt Peter eine Tasse Tee. [Er hat damit angefangen und noch nicht aufgehört.]

Simple Past

Bildung Regelmäßige Verben: Infinitiv + *-ed*	walk → walked
Beachte: • stummes *-e* entfällt	hope → hoped
• Bei Verben, die auf Konsonant + *-y* enden, wird *-y* zu *-i-*.	carry → carried
• Nach betontem Vokal wird der Schlusskonsonant verdoppelt.	stop → stopped
Unregelmäßige Verben: siehe Liste S. G 31 f.	be → was have → had
Bildung von Fragen im *simple past* (Fragewort +) *did* + Subjekt + Infinitiv	(Why) Did he look out of the window? *(Warum) Sah er aus dem Fenster?*
Beachte: Die Umschreibung mit *did* wird nicht verwendet, • wenn nach dem Subjekt gefragt wird (mit *who, what, which*),	Who paid the bill? *Wer zahlte die Rechnung?* What happened to your friend? *Was ist mit deinem Freund passiert?*
• wenn die Frage mit *was/were* gebildet wird.	Were you happy? *Warst du glücklich?*
Bildung der Verneinung im *simple past* *didn't* + Infinitiv	He didn't call me. *Er rief mich nicht an.*
Verwendung Das *simple past* beschreibt Handlungen und Ereignisse, die **in der Vergangenheit passierten** und **bereits abgeschlossen** sind. Signalwörter: z. B. *yesterday, last week/year, two years ago, in 2008*	Last week, he helped me with my homework. *Letzte Woche half er mir bei meinen Hausaufgaben. [Die Handlung fand in der letzten Woche statt, ist also abgeschlossen.]*

Past Progressive / Past Continuous

Bildung
was/were + present participle

watch → was/were watching

Verwendung
Die **Verlaufsform** *past progressive* verwendet man, wenn **zu einem bestimmten Zeitpunkt** in der Vergangenheit eine **Handlung ablief**, bzw. wenn eine **Handlung** von einer anderen **unterbrochen** wurde.

Yesterday at 9 o'clock I was still sleeping.
Gestern um 9 Uhr schlief ich noch.

I was reading a book when Peter came into the room.
Ich las (gerade) ein Buch, als Peter ins Zimmer kam.

Present Perfect (Simple)

Bildung
have/has + past participle

write → has/have written

Verwendung
Das *present perfect* verwendet man,

- wenn ein Vorgang **in der Vergangenheit begonnen** hat und **noch andauert**,

He has lived in London since 2008.
Er lebt seit 2008 in London.
[Er lebt jetzt immer noch in London.]

- wenn das Ergebnis einer vergangenen Handlung **Auswirkungen auf die Gegenwart** hat.

I have just cleaned my car.
Ich habe gerade mein Auto geputzt.
[Man sieht evtl. das saubere Auto.]

Signalwörter: z. B. *already, ever, just, how long, not ... yet, since, for*

Have you ever been to Dublin?
Warst du schon jemals in Dublin?

Beachte:

- *have/has* können zu *'ve/'s* verkürzt werden.

He's given me his umbrella.
Er hat mir seinen Regenschirm gegeben.

- Das *present perfect* wird oft mit *since* und *for* verwendet („seit“).
  - ***since*** gibt einen **Zeitpunkt** an:

Ron has lived in Sydney since 2007.
Ron lebt seit 2007 in Sydney.

  - ***for*** gibt einen **Zeitraum** an:

Sally has lived in Berlin for five years.
Sally lebt seit fünf Jahren in Berlin.

Present Perfect Progressive / Present Perfect Continuous

Bildung
have/has + been + present participle

write → has/have been writing

Verwendung
Die **Verlaufsform** *present perfect progressive* verwendet man, um die **Dauer einer Handlung** zu **betonen**, die in der Vergangenheit begonnen hat und noch andauert.

She has been sleeping for ten hours.
Sie schläft seit zehn Stunden.

Past Perfect (Simple)

Bildung
had + past participle

write → had written

Verwendung
Die Vorvergangenheit *past perfect* verwendet man, wenn ein Vorgang in der Vergangenheit **vor einem anderen Vorgang in der Vergangenheit abgeschlossen** wurde.

He had bought a ticket before he took the train to Manchester.
Er hatte eine Fahrkarte gekauft, bevor er den Zug nach Manchester nahm. [Beim Einsteigen war der Kauf abgeschlossen.]

Past Perfect Progressive / Past Perfect Continuous

Bildung
had + been + present participle

write → had been writing

Verwendung
Die **Verlaufsform** *past perfect progressive* verwendet man für **Handlungen**, die in der Vergangenheit **bis zu dem Zeitpunkt andauerten**, zu dem eine neue Handlung einsetzte.

She had been sleeping for ten hours when the doorbell rang.
Sie hatte seit zehn Stunden geschlafen, als es an der Tür klingelte. [Das Schlafen dauerte bis zu dem Zeitpunkt an, als es an der Tür klingelte.]

Will-future

Bildung
will + Infinitiv

buy → will buy

Bildung von Fragen im *will-future*
(Fragewort +) *will* + Subjekt + Infinitiv

What will you buy?
Was wirst du kaufen?

Bildung der Verneinung im *will-future*
won't + Infinitiv

She won't come to our party.
Sie wird nicht zu unserer Party kommen.

Verwendung
Das *will-future* verwendet man, wenn ein Vorgang **in der Zukunft stattfinden** wird:

- bei Vorhersagen oder Vermutungen,

  The weather will be fine tomorrow.
  Das Wetter wird morgen schön (sein).

- bei spontanen Entscheidungen.

  [doorbell] "I'll open the door."
  "Ich mache die Tür auf."

Going-to-future

Bildung
am/is/are + *going to* + Infinitiv

find → am/is/are going to find

Verwendung
Das *going-to-future* verwendet man, wenn man ausdrücken will:

- was man für die Zukunft **plant** oder **zu tun beabsichtigt**.

  I am going to work in England this summer.
  Diesen Sommer werde ich in England arbeiten.

- dass ein **Ereignis bald eintreten wird**, da bestimmte **Anzeichen** vorhanden sind.

  Look at those clouds. It's going to rain soon.
  Schau dir diese Wolken an. Es wird bald regnen.

Simple Present und *Present Progressive* zur Wiedergabe der Zukunft

Verwendung • Mit dem ***present progressive*** drückt man **Pläne** für die Zukunft aus, für die bereits **Vorkehrungen** getroffen wurden.	We are flying to New York tomorrow. *Morgen fliegen wir nach New York.* *[Wir haben schon Tickets.]*
• Mit dem ***simple present*** wird ein zukünftiges Geschehen wiedergegeben, das **von außen festgelegt** wurde, z. B. Fahrpläne, Programme, Kalender.	The train leaves at 8.15 a.m. *Der Zug fährt um 8.15 Uhr.* The play ends at 10 p.m. *Das Theaterstück endet um 22 Uhr.*

Future Progressive / Future Continuous

Bildung *will + be + present participle*	work → will be working
Verwendung Die **Verlaufsform** *future progressive* drückt aus, dass ein **Vorgang** in der Zukunft zu einem bestimmten Zeitpunkt **gerade ablaufen wird**. Signalwörter: *this time next week / tomorrow, tomorrow* + Zeitangabe	This time tomorrow I will be sitting in a plane to London. *Morgen um diese Zeit werde ich gerade im Flugzeug nach London sitzen.*

Future Perfect (Future II)

Bildung *will + have + past participle*	go → will have gone
Verwendung Das *future perfect* drückt aus, dass ein **Vorgang** in der Zukunft **abgeschlossen sein wird** (Vorzeitigkeit in der Zukunft). Signalwörter: *by then, by* + Zeitangabe	By 5 p.m. tomorrow I will have arrived in London. *Morgen Nachmittag um fünf Uhr werde ich bereits in London angekommen sein.*

11 Passiv – *Passive Voice*

Bildung

Form von *(to) be* in der entsprechenden Zeitform + *past participle*

The bridge was finished in 1894.
Die Brücke wurde 1894 fertiggestellt.

Bsp. für verschiedene Zeitformen:

• *simple present*	*Aktiv:*	Joe buys the milk.
	Passiv:	The milk is bought by Joe.
• *simple past*	*Aktiv:*	Joe bought the milk.
	Passiv:	The milk was bought by Joe.
• *present perfect*	*Aktiv:*	Joe has bought the milk.
	Passiv:	The milk has been bought by Joe.
• *past perfect*	*Aktiv:*	Joe had bought the milk.
	Passiv:	The milk had been bought by Joe.
• *will-future*	*Aktiv:*	Joe will buy the milk.
	Passiv:	The milk will be bought by Joe.

Aktiv → Passiv

- Das Objekt des Aktivsatzes wird zum Subjekt des Passivsatzes.
- Soll das Subjekt des Aktivsatzes im Passivsatz angegeben werden, wird es als *by-agent* angeschlossen.

Aktiv:	Joe (*Subjekt*)	buys	the milk. (*Objekt*)
Passiv:	The milk (*Subjekt*)	is bought	by Joe. (*by-agent*)

- Stehen im Aktiv **zwei Objekte**, lassen sich zwei verschiedene Passivsätze bilden. Ein Objekt wird zum Subjekt des Passivsatzes, das zweite bleibt Objekt.

  Beachte:
  Das indirekte Objekt muss im Passivsatz mit *to* angeschlossen werden.

Aktiv:	They (*Subjekt*)	gave	her (*ind. Obj.*)	a ball. (*dir. Obj.*)
Passiv:	She (*Subjekt*)	was given		a ball. (*dir. Obj.*)
oder:				
Aktiv:	They (*Subjekt*)	gave	her (*ind. Obj.*)	a ball. (*dir. Obj.*)
Passiv:	A ball (*Subjekt*)	was given		to her. (*ind. Obj.*)

Passiv → Aktiv

- Der mit *by* angeschlossene Handelnde *(by-agent)* des Passivsatzes wird zum Subjekt des Aktivsatzes; *by* entfällt.
- Das Subjekt des Passivsatzes wird zum Objekt des Aktivsatzes.
- Fehlt im Passivsatz der *by-agent*, muss im Aktivsatz ein Handelnder als Subjekt ergänzt werden, z. B. *somebody, we, you, they*.

Passiv:	The milk *Subjekt*	is bought	by Joe. *by-agent*
Aktiv:	Joe *Subjekt*	buys	the milk. *Objekt*

Passiv:	The match *Subjekt*	was won.	
Aktiv:	They *(ergänztes) Subjekt*	won	the match. *Objekt*

Der Satz im Englischen

12 Wortstellung – *Word Order*

Im Aussagesatz gilt die Wortstellung **Subjekt** – **Prädikat** – **Objekt** *(subject – verb – object)*:

- Subjekt: Wer oder was tut etwas?
- Prädikat: Was wird getan?
- Objekt: Worauf/Auf wen bezieht sich die Tätigkeit?

Für die Position von Orts- und Zeitangaben vgl. S. G 4 f.

Cats catch mice.
Katzen fangen Mäuse.

13 Konditionalsätze – *Conditional Sentences*

Ein Konditionalsatz (Bedingungssatz) besteht aus zwei Teilen: einem Nebensatz *(if-clause)* und einem Hauptsatz *(main clause)*. Im ***if*-Satz** steht die **Bedingung** *(condition)*, unter der die im **Hauptsatz** genannte **Folge** eintritt. Man unterscheidet drei Arten von Konditionalsätzen:

Konditionalsatz Typ I

Bildung

- *if*-Satz (Bedingung): *simple present*
- Hauptsatz (Folge): *will-future*

If you read this book,
Wenn du dieses Buch liest,

you will learn a lot about music.
erfährst du eine Menge über Musik.

Der *if*-Satz kann auch nach dem Hauptsatz stehen. In diesem Fall entfällt das Komma:

- Hauptsatz: *will-future*

You will learn a lot about music
Du erfährst eine Menge über Musik,

- *if*-Satz: *simple present*

if you read this book.
wenn du dieses Buch liest.

Im Hauptsatz kann auch

- ein modales Hilfsverb (z. B. *can, must, may*) + Infinitiv

If you go to London, you must visit me.
Wenn du nach London fährst, musst du mich besuchen.

- sowie der Imperativ

stehen.

If it rains, take an umbrella.
Wenn es regnet, nimm einen Schirm mit.

Verwendung

Bedingungssätze vom Typ I verwendet man, wenn die **Bedingung erfüllbar** ist. Man gibt an, was unter bestimmten Bedingungen **geschieht** oder **geschehen kann**.

Konditionalsatz Typ II

Bildung

- *if*-Satz (Bedingung): *simple past*
- Hauptsatz (Folge): *conditional I = would* + Infinitiv

If I went to London,
Wenn ich nach London fahren würde,

I would visit the Tower.
würde ich mir den Tower ansehen.

Verwendung
Bedingungssätze vom Typ II verwendet man, wenn die **Bedingung nur theoretisch erfüllt** werden kann oder **nicht erfüllbar** ist.

Konditionalsatz Typ III

Bildung

- *if*-Satz (Bedingung): *past perfect*

If I had gone to London,
Wenn ich nach London gefahren wäre,

- Hauptsatz (Folge): *conditional II = would + have + past participle*

I would have visited the Tower of London.
hätte ich mir den Tower of London angesehen.

Verwendung
Bedingungssätze vom Typ III verwendet man, wenn sich die **Bedingung auf die Vergangenheit bezieht** und deshalb **nicht mehr erfüllbar** ist.

14 Relativsätze – *Relative Clauses*

Ein Relativsatz ist ein Nebensatz, der sich **auf eine Person oder Sache** des Hauptsatzes **bezieht** und diese **näher beschreibt**:

The boy who looks like Jane is her brother.
Der Junge, der Jane ähnlich sieht, ist ihr Bruder.

- Hauptsatz:
- Relativsatz:

The boy … is her brother.
… who looks like Jane …

Bildung
Haupt- und Nebensatz werden durch das Relativpronomen verbunden.

- ***who*** (Nominativ oder Akkusativ),

Peter, who lives in London, likes travelling.
Peter, der in London lebt, reist gerne.

whose (Genitiv) und	Sam, whose mother is an architect, is in my class. *Sam, dessen Mutter Architektin ist, geht in meine Klasse.*
whom (Akkusativ) beziehen sich auf **Personen**,	Anne, whom/who I like very much, is French. *Anne, die ich sehr mag, ist Französin.*
• ***which*** bezieht sich auf **Sachen**,	The film "Dark Moon", which we saw yesterday, was far too long. *Der Film „Dark Moon", den wir gestern sahen, war viel zu lang.*
• ***that*** kann sich auf **Sachen** und auf **Personen** beziehen und wird nur verwendet, wenn die **Information** im Relativsatz **notwendig** ist, um den ganzen Satz zu verstehen.	The film that we saw last week was much better. *Der Film, den wir letzte Woche sahen, war viel besser.*

Verwendung Mithilfe von Relativpronomen kann man **zwei Sätze miteinander verbinden**.	London is England's biggest city. London is very popular with tourists. *London ist Englands größte Stadt.* *London ist bei Touristen sehr beliebt.* London, which is England's biggest city, is very popular with tourists. *London, die größte Stadt Englands, ist bei Touristen sehr beliebt.*

Beachte: Man unterscheidet zwei Arten von Relativsätzen: • **Notwendige Relativsätze** *(defining relative clauses)* enthalten Informationen, die **für das Verständnis** des Satzes **erforderlich** sind.	The man who is wearing a red shirt is Mike. *Der Mann, der ein rotes Hemd trägt, ist Mike.*
Hier kann das Relativpronomen entfallen, wenn es Objekt ist; man spricht dann auch von *contact clauses*.	The book (that) I bought yesterday is thrilling. *Das Buch, das ich gestern gekauft habe, ist spannend.*

• **Nicht notwendige Relativsätze** *(non-defining relative clauses)* enthalten **zusätzliche Informationen** zum Bezugswort, die für das Verständnis des Satzes nicht unbedingt notwendig sind. Dieser Typ von Relativsatz wird **mit Komma** abgetrennt.	Sally, who went to a party yesterday, is very tired. *Sally, die gestern auf einer Party war, ist sehr müde.*

15 Indirekte Rede – *Reported Speech*

Die indirekte Rede verwendet man, um **wiederzugeben, was ein anderer gesagt** oder **gefragt hat**.

Bildung Um die indirekte Rede zu bilden, benötigt man ein **Einleitungsverb**. Häufig verwendete Einleitungsverben sind:	to say, to tell, to add, to mention, to think, to ask, to want to know, to answer	
In der indirekten Rede verändern sich die **Pronomen**, in bestimmten Fällen auch die **Zeiten** und die **Orts-** und **Zeitangaben**.		
• Wie die Pronomen sich verändern, hängt vom jeweiligen **Kontext** ab.	**direkte Rede** Bob says to Jenny: "I like you." *Bob sagt zu Jenny: „Ich mag dich."*	**indirekte Rede** Jenny tells Liz: "Bob says that he likes me." *Jenny erzählt Liz: „Bob sagt, dass er mich mag."*
	Aber:	Jenny tells Liz that Bob likes her. *Jenny erzählt Liz, dass Bob sie mag.*
• **Zeiten**: Keine Veränderung, wenn das Einleitungsverb im *simple present*, im Futur oder im *present perfect* steht:	**direkte Rede** Bob says, "I love dancing." *Bob sagt: „Ich tanze sehr gerne."*	**indirekte Rede** Bob says (that) he loves dancing. *Bob sagt, er tanze sehr gerne.*

Die Zeit der direkten Rede wird in der indirekten Rede normalerweise **um eine Zeitstufe zurückversetzt**, wenn das **Einleitungsverb** im ***past tense*** oder ***past perfect*** steht:	Bob said, "I love dancing." *Bob sagte: „Ich tanze sehr gerne."*	Bob said (that) he loved dancing. *Bob sagte, er tanze sehr gerne.*
simple present → *simple past*	Joe: "I like it."	Joe said he liked it.
simple past → *past perfect*	Joe: "I liked it."	Joe said he had liked it.
present perfect → *past perfect*	Joe: "I've liked it."	Joe said he had liked it.
will-future → *conditional I*	Joe: "I will like it."	Joe said he would like it.
• **Zeitangaben** verändern sich, wenn der Bericht zu einem späteren Zeitpunkt erfolgt, z. B.:	now → today → yesterday → tomorrow →	then, at that time that day, yesterday the day before the following day
• Welche **Ortsangabe** verwendet wird, hängt davon ab, wo sich der Sprecher im Moment befindet.	here →	here *[noch am selben Ort]* / there *[anderer Ort]*
Bildung der indirekten Frage Häufige Einleitungsverben für die indirekte Frage sind:	to ask, to want to know, to wonder	
• **Fragewörter** bleiben in der indirekten Rede **erhalten**. Die **Umschreibung** mit *do/does/did* **entfällt** in der indirekten Frage.	Tom: "When did they arrive?" *Tom: „Wann sind sie angekommen?"*	Tom asked when they had arrived. *Tom fragte, wann sie angekommen seien.*
• Enthält die direkte Frage **kein Fragewort**, wird die indirekte Frage mit ***whether*** oder ***if*** eingeleitet:	Tom: "Are they staying at the hotel?" *Tom: „Übernachten sie im Hotel?"*	Tom asked if/whether they were staying at the hotel. *Tom fragte, ob sie im Hotel übernachten.*
Befehle/Aufforderungen in der indirekten Rede Häufige Einleitungsverben sind:	to tell, to order, to ask	
In der indirekten Rede steht hier **Einleitungsverb + Objekt + *(not) to* + Infinitiv**.	Tom: "Leave the room." *Tom: „Verlass den Raum."*	Tom told me to leave the room. *Tom forderte mich auf, den Raum zu verlassen.*

Anhang

16 Liste wichtiger unregelmäßiger Verben – *List of Irregular Verbs*

Infinitive	Simple Past	Past Participle	*Deutsch*
be	was/were	been	*sein*
begin	began	begun	*beginnen*
blow	blew	blown	*wehen, blasen*
break	broke	broken	*brechen*
bring	brought	brought	*bringen*
build	built	built	*bauen*
buy	bought	bought	*kaufen*
catch	caught	caught	*fangen*
choose	chose	chosen	*wählen*
come	came	come	*kommen*
cut	cut	cut	*schneiden*
do	did	done	*tun*
draw	drew	drawn	*zeichnen*
drink	drank	drunk	*trinken*
drive	drove	driven	*fahren*
eat	ate	eaten	*essen*
fall	fell	fallen	*fallen*
feed	fed	fed	*füttern*
feel	felt	felt	*fühlen*
find	found	found	*finden*
fly	flew	flown	*fliegen*
get	got	got	*bekommen*
give	gave	given	*geben*
go	went	gone	*gehen*
grow	grew	grown	*wachsen*
hang	hung	hung	*hängen*
have	had	had	*haben*
hear	heard	heard	*hören*
hit	hit	hit	*schlagen*
hold	held	held	*halten*
keep	kept	kept	*halten*
know	knew	known	*wissen*

Infinitive	**Simple Past**	**Past Participle**	***Deutsch***
lay	laid	laid	*legen*
leave	left	left	*verlassen*
let	let	let	*lassen*
lie	lay	lain	*liegen*
lose	lost	lost	*verlieren*
make	made	made	*machen*
meet	met	met	*treffen*
pay	paid	paid	*bezahlen*
put	put	put	*stellen/setzen*
read	read	read	*lesen*
ring	rang	rung	*läuten/anrufen*
run	ran	run	*rennen*
say	said	said	*sagen*
see	saw	seen	*sehen*
send	sent	sent	*schicken*
show	showed	shown	*zeigen*
sing	sang	sung	*singen*
sit	sat	sat	*sitzen*
sleep	slept	slept	*schlafen*
smell	smelled/smelt	smelled/smelt	*riechen*
speak	spoke	spoken	*sprechen*
spend	spent	spent	*ausgeben/ verbringen*
stand	stood	stood	*stehen*
steal	stole	stolen	*stehlen*
swim	swam	swum	*schwimmen*
take	took	taken	*nehmen*
teach	taught	taught	*lehren*
tell	told	told	*erzählen*
think	thought	thought	*denken*
throw	threw	thrown	*werfen*
wake	woke	woken	*aufwachen*
wear	wore	worn	*tragen*
win	won	won	*gewinnen*
write	wrote	written	*schreiben*

Hessen Englisch ▪ Abschlussprüfung Fachoberschule
Übungsaufgabe 1

HÖRVERSTEHEN

1 Listen to the audio file and complete the table with the relevant information in English based on the information you hear. (15)

a	**Traditional subjects** that can be described as "life sciences" *Name one.*		(1)
b	**When** and **where** did the first cloning of plants happen?		(2)
c	**People's worries** when it comes to cloning *Name three.*		(3)
d	**Organs** that could possibly be replaced by cloning *Name three.*		(3)

e	**Problems** that come along with new AIDS medication *Name two.*		(2)
f	**What** does our body need telomerase for?		(1)
g	**What** will happen to our body when it stops producing telomerase? *Name three aspects.*		(3)

LESEVERSTEHEN

Text I **Child labour is exploitation – but the household work I did as a child gave me life skills**

Aged eight, Tayambile would walk with her mother every day to fetch water. On her 2 km return journey in 30 °C heat, she would carry 20 litres in an aluminium bucket on her head. She would then help to pound maize in a mortar and prepare food for the family – typically fresh fish caught by her father on the lake. After the main and only meal of the day, "Tayamba" – meaning "we have started" in Chichewa, the national language of Malawi in south-eastern Africa – would take care of her baby sister. That young girl was me. Through a western lens, some might view my experience as child labour. To me, I was learning life skills.

Six decades later, most people from this land-locked country still live in rural areas. Many are involved in agriculture for their livelihoods, including tobacco farming – so-called "green gold" for one of the world's poorest nations.

Multinational companies make billions of dollars a year, selling cigarettes in the US, Europe and elsewhere. The tobacco is produced in tough conditions, much of it by children aged under 14, as revealed in a Guardian investigation just two years ago. These practices are rightly considered exploitative, can be physically and mentally harmful, and detrimental to children's futures by keeping them out of school.

However, where do you draw the line between what is internationally deemed a crime and a natural process of transferring skills? Is international concern on child rights relevant to Africa?

Some argue that child labour perpetuates poverty, unemployment, illiteracy, population growth and other social problems. With the exception of large organisations putting children to work, local context is everything. [...]

Children, the farmers of tomorrow, play a crucial role in the rural economy. They learn skills by observation and participating in activities such as building houses, fishing, preparing food – all essential for survival. These skills are transferred from elder family members to children, from mother to daughter, father to son. But from an outsider's perspective these "at-home chores" can be viewed negatively.

The International Labour Organization defines child labour as "work that deprives children of their childhood, their potential, and their dignity, and that is harmful to physical and mental development". At the most extreme, it involves child slavery, separation from families or exposure to life-threatening hazards. Other examples may involve children being kept home from school in order to help the household. [...]

In Africa, where many areas have no social security or social services to support the vulnerable, families are responsible for educating and training the next generation to become capable adults.

Those with good life skills become self-reliant and resilient because they can support themselves against all odds. [...]

Understanding the distinction between exploitation and transfer of life skills is critical for development workers stepping into any community. We need to embrace the blurred lines and complexities of cultural norms. The world should not be painted with one brush. *(499 words)*

Elizabeth Sibale, Child labour is exploitation – but the household work I did as a child gave me life skills, 6.11.2020, The Guardian, https://www.theguardian.com/global-development/2020/nov/06/child-labour-doesnt-have-to-be-exploitation-it-gave-me-life-skills. *Copyright Guardian News & Media Ltd 2021*

2 Please read the article (Text I) and complete the table with the relevant information in German. (15)

a	Arbeiten, die die 8-jährige Tayambile jeden Tag verrichten muss *Nennen Sie 4 Aspekte.* *(je 1/2 BE)*		(2)
b	Womit verdienen Familien auf dem Land ihr Geld? *Nennen Sie 2 Aspekte.*		(2)
c	Welche Probleme bringt ein Teil dieser Arbeit insbesondere für Kinder unter 14 Jahren mit sich? *Nennen Sie 4 Aspekte.*		(4)
d	Langfristige Auswirkungen/Konsequenzen von Kinderarbeit auf dem Land *Nennen Sie 4 Aspekte.* *(je 1/2 BE)*		(2)

e	Wie lernen Kinder in ländlichen Gebieten? *Nennen Sie 2 Aspekte.* *(je 1/2 BE)*		(1)
f	Extreme Auswirkungen von Kinderarbeit (laut ILO) *Nennen Sie 4 Aspekte.*		(4)

MEDIATION

Text II **Drought puts 2.1 million Kenyans at risk of starvation**

An estimated 2.1 million Kenyans face starvation due to a drought in half the country, which is affecting harvests. […] The crisis has been compounded by Covid-19 and previous poor rains, NDMA[1] said, predicting the situation will get worse by the end of the year, as October to December rains are expected to be below normal levels. The affected regions are usually the most food-insecure in Kenya due to high levels of poverty.

[…] "You have two seasons of depressed rains, desert locusts ravaging farmlands in the same counties and people fighting over the few resources available. That is the making of a disaster," said [Asha] Mohammed.

She said it was not only farmers who had been affected by the drought, but also people in urban areas who had been forced to pay higher prices for the little available food. "There is some food reaching the urban areas within these counties but there is little purchasing power because many have lost their jobs as a result of the pandemic," she said. *(169 words)*

Peter Muiruri in Nairobi, Wed 15 Sep 2021, www.theguardian.com, https://www.theguardian.com/global-development/2021/sep/15/drought-puts-21-million-kenyans-at-risk-of-starvation. Copyright Guardian News & Media Ltd 2021

1 NDMA – National Drought Management Authority

Text III Klimawandel? Ach, hör doch auf!

Beliebteste Floskel der Klimawandelleugner*innen: Alles nur Panikmache! Gerne wird von den nötigen Klimaschutz-Maßnahmen abgelenkt. Da heißt es wahlweise, wir hätten gar keinen Einfluss auf den Klimawandel, Klimaschutz wäre zu teuer oder sozial ungerecht oder andere Länder sollten mal zuerst was unternehmen. Dazu werden immer mehr Mythen gestreut [...].

Wir Menschen haben gar keinen Einfluss auf das Klima! Schön wärs! Das natürliche CO_2, das durch Atmung, Gärung oder Verwesung entsteht, ist eigentlich kein Problem und wird seit Jahrtausenden auf natürlichem Weg gebunden. Entweder wird es in Holz eingelagert oder im Meer oder im Boden gespeichert. Erst die zusätzliche und ständige Verbrennung von Kohle, Gas und Öl ist das eigentliche Problem. [...]

Seit einigen Jahren streiken weltweit junge Leute für das Klima – auch in Deutschland. Kritiker*innen sprechen immer wieder von Schulschwänzer*innen, dabei engagieren sich die Protestierenden und übernehmen Verantwortung in der Klimakrise, die sie nicht maßgeblich mitverursacht haben. [...] Mit Fridays for Future wird immer mehr Menschen bewusst, dass wir aktuell nicht gut aufgestellt sind, um die deutschen Klimaschutzziele zu erreichen. [...]

Fast alles was wir tun, beeinflusst das Klima – also natürlich auch fliegen und mit dem SUV durch die Stadt fahren. Das Meereis der Arktis schmilzt je Tonne CO_2 um drei Quadratmeter. Übrigens: Das ist der CO_2-Verbrauch einer Person, wenn sie von Berlin nach Madrid hin und zurück fliegt. Schwere Autos und große Autos brauchen mehr PS als leichtere, kleinere Wagen. Und in diese Kategorie fällt ein SUV nun mal viel eher als ein Kombi. [...] Auch beim Platzbedarf können SUV nicht punkten, denn gerade in Großstädten ist der öffentliche Raum zu wertvoll, um ihn mit Autos zu belegen.

Die Klimakrise darf aber nicht auf die Bürger*innen abgewälzt werden. Wichtig ist, dass sowohl politisch als auch wirtschaftlich endlich konkrete Maßnahmen ergriffen werden. Mit den gegebenen Rahmenbedingungen – zum Beispiel Billig-Fleisch, billige Flüge, günstige fossile Treibstoffe oder schlecht gedämmte Altbauten – fällt es leider noch vielen Menschen schwer, klimaschonend zu leben. Daher ist längst die Politik gefordert, andere Weichen zu stellen. *(322 Wörter)*

https://www.nabu.de/umwelt-und-ressourcen/klima-und-luft/klimawandel/27125.html

3.1 Translate the text excerpt (Text II) without its headline freely into German. Remember to translate as closely as possible and as freely as necessary. (15)

3.2 Summarise the text (Text III) in English in no more than 170 words. One point (BE) will be deducted for every 10 words that are over the word limit. Please count your words in groups of 10. (15)

PRODUKTION

Statistics

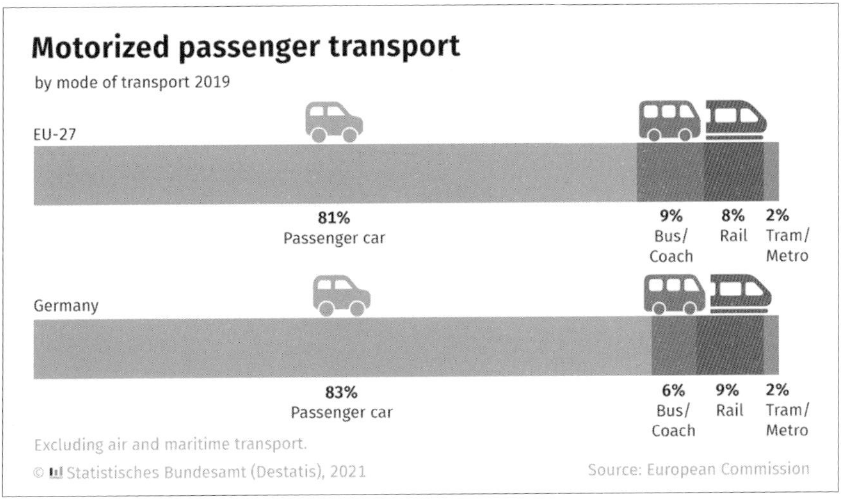

4 Comment on the mode of transport most commonly used in Germany and the EU.

Write 270–330 words.

Two points (BE) will be deducted for every 15 words that are below the word limit. One point (BE) will be deducted for every 15 words that are over the word limit.

Please count your words in groups of 50. (25)

HÖRVERSTEHEN

Transkript The advances in modern life sciences

Interviewer: Welcome to another round in our series "Modern Life". Today, I will be talking to Professor Leonard Pendlebury from Sussex University about the advances in modern life sciences and the consequences for our lives. Professor Pendlebury, "life sciences" is a fairly new term. What does it involve?

Pendlebury: Well, "life sciences" is a new term for traditional subjects like biology, botany and others dealing with life forms, such as humans, plants and animals. Often, however, the boundaries between the species with regard to what scientists are trying to find out are not as clearly defined as they used to be. Take cloning, for instance. Here, scientists work on plants and animals and – to some extent – humans. It is quite an interdisciplinary approach.

Interviewer: Yes, cloning is one of the controversial issues of our time. Some people think it is a great step forward, while others consider it to be very dangerous. What do you think? What is cloning, and what does it involve?

Pendlebury: Cloning is, by definition, a process by which one produces an exact copy of a plant or animal by taking a cell from it and developing it artificially. The result is an organism that is identical. Not many people know that the cloning of plants actually has a long tradition in history. In fact, the first cloning of plants happened 2000 years ago in Ancient Greece. With animals, the process is much more complicated, but in 1997, a scientist from Edinburgh University produced the first cloned sheep, called Dolly. Now Dolly made it into the headlines, of course, and became somewhat of a TV star.

Interviewer: Yes, I remember. And quite a few people became worried about what would happen if that technology were used on humans. Could scientists reproduce some terrible dictator, for example, or produce armies of cloned soldiers to take over the world?

Pendlebury: Oh yes, you're quite right, even today people are worried that someone might reproduce the likes of Adolf Hitler or Genghis Khan by cloning one of their cells. Or that it might soon be possible to make a copy of your grandparents. Or bring the dinosaurs back to life in a 21st-century *Jurassic Park*!
Now, all that is rather farfetched and quite impossible. The truth is, a clone of a human being would not be absolutely identical in its behaviour and actions. It might look the same as the original, like a twin, but that would be all. So, even if you could make a copy of Albert Einstein, it would not automatically mean that the clone would be as clever and creative.

Interviewer: But even so, lots of people are sceptical …

Pendlebury: I know, but these people should also consider the benefits of cloning. Take the production of human organs and tissue, for example. With cloning we could produce hearts, kidneys, eyes and other organs and help thousands of people to live a better life or even to live at all. Just look at heart patients. At the moment, they have to wait around for a heart donor. Now, the problem is finding the right heart. It has to be the right blood group and, first of all, a heart must be available. All this is very complicated and hearts made of cloned cells would make the process a lot easier – and probably also a lot cheaper.

Interviewer: I see your point. But, to move on if we may, cloning is not the only way forward. How about other developments? Will there be a cure for cancer or for AIDS, for example?

Pendlebury: I don't know. Cancer is a very complex disease and there is no certain cure. However, lots of things have been discovered to prevent it. And today, of course, doctors can detect it much more quickly than in the past, and once cancer is discovered, you can at least slow it down. The same goes for AIDS. So far, scientists have not found a cure for AIDS, but they have developed an impressive list of things that help you to live with the disease. That means that you can lead an almost normal life, even if you are HIV positive. However, this medicine is vastly expensive and poor people can't afford it, especially those in the developing world. Another problem is that quite a few people here in the West think that because of the medicine available to them, they don't need to practise safe sex anymore. That's extremely careless of course and could mean a new increase in infection numbers.

Interviewer: Last question: is it true that scientists in America have found a drug to stop the ageing process? Could we, or our children, become hundreds of years old?

Pendlebury: Well, "hundreds of years" sounds a bit like science fiction to me, but of course, people all over the world are working on that problem. Scientists in the USA have in fact discovered that our body produces a substance called telomerase. This substance enables our body cells to divide and make new cells. Now, at a certain age, the body stops producing telomerase and therefore, no more new cells can be produced. Our body starts to fall apart, which means that we get old and die. So, if we took a drug containing telomerase, this would slow down the ageing process, at least in theory, and we might live until we're a hundred and fifty or more.

Interviewer: Professor Pendlebury, thank you very much for talking to us.

Pendlebury: Thank you.

1 **TIPP**

Achten Sie in der Prüfung auf die richtige Schreibweise. Wenn die korrigierende Lehrkraft Vermutungen anstellen muss, was die richtige Lösung ist, kann dies zu Punktabzügen führen.

- **Zu a:** Hier sollen traditionelle Bereiche benannt werden, die heute als Biowissenschaft bezeichnet werden.

"Well, 'life sciences' is a new term for traditional subjects like biology, botany and others dealing with life forms, such as humans, plants and animals." (Z. 5/6)

- **Zu b:** Achten Sie im Text darauf, wann zum ersten Mal Pflanzen geklont wurden und wo das gemacht wurde. Die Informationen folgen unmittelbar aufeinander. Wenn Sie beim ersten Hören nicht alles mitbekommen, konzentrieren Sie sich beim zweiten Hören auf die entsprechende Textstelle.
  "In fact, the first cloning of plants happened 2000 years ago in Ancient Greece." (Z. 17/18)
- **Zu c:** Listen Sie die Ängste auf, die im Text im Zusammenhang mit Klonen beschrieben werden. Dabei kann es hier hilfreich sein, eigene Formulierungen zu verwenden.
  - "Could scientists reproduce some terrible dictator, for example, or produce armies of cloned soldiers to take over the world?" (Z. 23–25)
  - "[E]ven today people are worried that someone might *reproduce the likes of Adolf Hitler or Genghis Khan* by cloning one of their cells. Or that it might soon be possible to *make a copy of your grandparents*. Or *bring the dinosaurs back to life* in a 21st-century *Jurassic Park!*" (Z. 26–29)
- **Zu d:** Hier sollen drei Organe genannt werden, die durch Klonen reproduziert und transplantiert werden könnten.
  "With cloning we could produce *hearts*, *kidneys*, *eyes* and other organs ..." (Z. 37/38)
- **Zu e:** Hier sollen Probleme genannt werden, die in Zusammengang mit dem Fortschritt im Bereich der AIDS-Medikation auftreten.
  "However, this medicine is *vastly expensive* and *poor people can't afford it, especially those in the developing world*. Another problem is that quite a few people here *in the West* think that because of the medicine available to them, they *don't need to practise safe sex anymore*." (Z. 53–56)
- **Zu f:** Hier soll beschrieben werden, wofür der Körper Telomerase braucht.
  "This substance *enables our body cells to divide and make new cells*." (Z. 62/63)
- **Zu g:** Hier sollen drei Dinge genannt werden, die passieren, wenn der Körper keine Telomerase mehr produziert.
  "Now, at a certain age, the body stops producing telomerase and therefore, *no more new cells can be produced*. Our *body starts to fall apart*, which means that *we get old* and *die*." (Z. 63–65)

a	**Traditional subjects** that can be described as "life sciences". *Name one.*	• **biology** • botany • other subject dealing with life forms (humans, plants, animals)
b	**When** and **where** did the first cloning of plants happen?	• **2000 years** ago • in **Ancient Greece**

c	**People's worries** when it comes to cloning. *Name three.*	• **scientist could reproduce some terrible dictator**/Adolf Hitler or Genghis Khan/armies of cloned soldiers • **people could make a copy of** people who are close to us, like **our grandparents** • **someone could clone dinosaurs**
d	**Organs** that could possibly be replaced by cloning. *Name three.*	• **hearts** • **kidneys** • **eyes**
e	**Problems** that come along with new AIDS medication. *Name two.*	• **extremely expensive** • **some people in the West do not practise safe sex anymore** • people in third-world countries cannot afford it
f	**What** does our body need telomerase for?	• (enables) **body cells to divide**/make new cells
g	**What** will happen to our body when it stops producing telomerase? *Name three aspects.*	• **no more new cells are produced** • **body falls apart** • **we get old** • we die

LESEVERSTEHEN

2 **TIPP**

- **Zu a:** Nennen Sie vier Aufgaben, die das Mädchen im Alltag erfüllen muss:
  - "Tayambile would walk with her mother every day *to* fetch water." (Z. 1)
  - "She would then help *to pound maize* in a mortar and *prepare food for the family* …" (Z. 3/4)
  - "'Tayamba' […] would take care of her baby sister." (Z. 5/6)
- **Zu b:** "Many are involved in *agriculture* for their livelihoods, including *tobacco farming* – so-called 'green gold' for one of the world's poorest nations." (Z. 10/11)
- **Zu c:**
  - "The tobacco is produced in *tough conditions* …" (Z. 13)
  - "These practices are rightly considered *exploitative*, can be *physically* and *mentally harmful*, and *detrimental to children's futures* by *keeping them out of school.*" (Z. 15/16)
- **Zu d:** "Some argue that child labour perpetuates *poverty*, *unemployment*, *illiteracy*, *population growth* and *other social problems.*" (Z. 20/21)

- **Zu e:**
  - "They learn skills by *observation* and *participating in activities* ..." (Z. 23/24)
  - "These *skills are transferred from elder family members to children*, ..." (Z. 25/26)
- **Zu f:** "At the most extreme, it involves *child slavery*, *separation from families* or *exposure to life-threatening hazards*. Other examples may involve children *being kept home from school* in order to help the household." (Z. 30–32)

a	Arbeiten, die die 8-jährige Tayambile jeden Tag verrichten muss *Nennen Sie 4 Aspekte.*	• das **Wasser holen** • den **Mais zerstampfen** • das **Essen vorbereiten** (für die Familie) • **auf die kleine Schwester aufpassen**
b	Womit verdienen Familien auf dem Land ihr Geld? *Nennen Sie 2 Aspekte.*	• **Landwirtschaft** • **Anbau von Tabak** („grünes Gold")
c	Welche Probleme bringt ein Teil dieser Arbeit insbesondere für Kinder unter 14 Jahren mit sich? *Nennen Sie 4 Aspekte.*	• **harte Arbeitsbedingungen** • **ausbeuterisch** • **körperlich und mental schädigend** • **schädlich für Zukunft der Kinder** • sind nicht in der Schule
d	Langfristige Auswirkungen/Konsequenzen von Kinderarbeit auf dem Land *Nennen Sie 4 Aspekte.*	Verstärken/Fortsetzen/Aufrechterhalten von • **Armut** • **Arbeitslosigkeit** • **Analphabetismus** / mangelnder Bildung • **Bevölkerungswachstum** • anderen sozialen Probleme
e	Wie lernen Kinder in ländlichen Gebieten? *Nennen Sie 2 Aspekte.*	• durch **Beobachtung** • durch **Teilnahme** (Mitmachen) • von älteren Familienmitgliedern
f	Extreme Auswirkungen von Kinderarbeit (laut ILO) *Nennen Sie 4 Aspekte.*	• **Versklavung von Kindern** / Sklaverei • **Trennung von Familien** • **lebensbedrohlichen Risiken** ausgeliefert sein • **Abwesenheit in der Schule**

MEDIATION

3.1 **TIPP**

Achten Sie bei diesem Text auf die korrekte Satzstellung im Deutschen. Häufig muss von der Satzstellung im Englischen abgewichen werden. Relativsätze müssen hinter dem Satzglied stehen, auf das sie sich beziehen.

- *An estimated 2.1 million Kenyans face starvation …:* Es wird angenommen, dass 2,1 Millionen Kenianer … kurz vor dem Verhungern stehen/vom Verhungern bedroht sind.
- *poor rains:* geringe Regenmengen, schwache Regenfälle
- *October to December rains are expected to be below normal levels:* erwartet wird/angenommen wird, dass die Regenfälle im Oktober und November unter dem normalen Niveau liegen werden
- *regions:* Gebiete
- *usually:* für gewöhnlich, meist, üblicherweise
- *You have:* Hier kann nicht wörtlich übersetzt werden.
- *seasons of depressed rains:* Jahreszeiten mit geringen Regenfällen
- *That is the making of a disaster:* Das ist die Entstehung einer Katastrophe.
- *food:* Nahrung
- *urban areas:* Stadtgebieten, städtischen Gebieten
- *available:* verfügbare
- *as a result of the pandemic:* aufgrund/wegen der Pandemie

Geschätzte 2,1 Millionen Kenianer sind von einer Hungersnot bedroht, die durch eine Dürre in der Hälfte des Landes, welche die Ernte beeinträchtigt, entstanden ist. (3)

Die Krise wurde laut NDMA durch Covid-19 und ausbleibenden Regen verschärft. Es wird vorhergesagt, dass die Situation sich zum Ende des Jahres noch verschlimmern wird, da der zu erwartende Regen von Oktober bis Dezember unter dem normalen Niveau sein wird. (3)

Die betroffenen Regionen sind normalerweise aufgrund der hohen Armut die nahrungsunsichersten in Kenia. (1)

„Es gab zwei regenschwache Jahreszeiten, Wüstenheuschrecken verwüsten das Ackerland in den selben Gebieten und die Menschen kämpfen um die wenigen verfügbaren Ressourcen. (3)

So entsteht eine Katastrophe“, sagte Asha Mohammed. (1)

Sie sagte, dass nicht nur Bauern von der Dürre betroffen waren, sondern auch Menschen aus Ballungsgebieten, die gezwungen waren, höhere Preise für das wenige angebotene Essen zu bezahlen. (2)

„Es gibt Essen, welches die Stadtgebiete in diesen Regionen erreicht, aber es gibt wenig Kaufkraft, da viele ihre Arbeitsplätze als Konsequenz der Pandemie verloren haben“, sagte sie. (3)

3.2 **TIPP**

Achten Sie darauf, den Text in Ihrer Lösung zusammenzufassen, um die maximale Wortzahl nicht zu überschreiten.
Ihre Lösung sollte folgende Aspekte enthalten:

- **Einleitung:** *Umbrella sentence* mit allgemeiner Information zum Inhalt, z. B. Name des Autors oder der Autorin, Name der Quelle, Veröffentlichungsdatum und Hauptthema des Textes. Wichtig ist die Darstellung des wesentlichen Inhalts des Textes, hier also zum Beispiel:
  - debunking myths about climate change
- **Hauptteil:**
  - criticism of climate protection:
    → critics claim climate change was not man-made
    → climate protection is too expensive and socially unjust
    → other countries are supposed to do their part first
  - myth 1 (we have no impact on the climate):
    → CO_2 produced by humans themselves is negligible, burning fossil fuels is the main problem
    → flying and large cars like SUVs have massive impact on melting poles
  - myth 2 (Fridays for Future – a group of truants):
    pupils make people aware that we are failing to achieve our goals
  - consequences for politics and the economy:
    need restrictions on cheap meat, flights and fuels and poorly insulated houses
- **Schlusssatz** mit Schlussfolgerung:
  - responsibility for climate crisis lies with government and economy, not just the individual

Einleitung

The article "Klimawandel? Ach hör doch auf!" published by NABU deals with climate myths spread by deniers of climate change.

Hauptteil

criticism of climate protection

Some critics believe that people have no influence over the climate, that climate protection is too expensive and socially unfair and that other countries should start to do something first.

people's influence over climate

Myth number one claims that people have no influence over the climate. While the human body produces only very little CO_2, the additional and constant combustion of coal, gas and oil is the main problem. Flying and driving SUVs leads to an increase in carbon emissions, which leads to the polar caps melting. To reduce our carbon emissions we need restrictions on cheap meat, flights, fuel and poorly insulated houses.

Myth number two sees young people demonstrating for climate protection as truants. On the contrary, however, "Fridays for Future" is helping to lay the focus on the failure to achieve Germany's climate protection goals. — youth protests

However, it is not just the individual that has to act. The government and the economy must step in by introducing laws and the necessary framework to protect the environment. — **Schlusssatz** responsibility

PRODUKTION

4 **TIPP**

Hier ist es Ihre Aufgabe, die Statistik zu beschreiben, diese jedoch auch gleichzeitig zu kommentieren. Dabei gibt es zwei Möglichkeiten. Entweder Sie beschreiben zunächst die Statistik und analysieren diese im Anschluss oder Sie entscheiden erst, auf welche Aspekte Sie besonders eingehen wollen, und beschreiben und kommentieren diese dann jeweils direkt. Für die vorliegende Statistik eignet sich die zweite Variante besser, da eine reine Beschreibung eher kurz ausfallen würde und die Bedeutung der einzelnen Aspekte erst in der Analyse relevant werden.

Der *comment* muss die folgenden Bestandteile enthalten:

- **Einleitung:** Gehen Sie hier auf das allgemeine Thema der Statistik ein und nennen Sie Titel, Herkunft der Daten und den betroffenen Zeitraum, falls vorhanden.
- **Hauptteil:**
  - cars as the main mode of transportation, both in Germany and the EU → low fuel prices and good infrastructure
  - buses and coaches are used a little less frequently in Germany than in the EU, trains are used slightly more often → railway system is extensive in Germany
  - the importance of tram and metro is comparatively small → only in large cities
- **Schluss** mit Zusammenfassung und eigener Meinung: we need to use more public transport to reduce carbon emissions

The statistics "Motorized passenger transport by mode of transport 2019" drawn by the *Statistisches Bundesamt* and published in 2021 deals with motorised passenger transport in both the EU compared with Germany in 2019. The statistics focus on bus, rail and tram or metro. Air and maritime transportation systems are excluded. — **Einleitung** *umbrella sentence*

The figures are similar and only differ slightly. In the EU and Germany most people – more than 80 % – used the passenger car as their main mode of transport. Reasons for this could be low fuel prices as — **Hauptteil** car transport well as a high level of comfort due to the good infrastructure and good road network.

While slightly more people used the bus in the EU as a whole, more people used the train in Germany. Travelling by train is very common in Germany compared to going by bus, but is still more expensive than driving. While going by bus is quite popular in rural areas, especially in different parts in Europe where the train network is not as extensive as it is in Germany, people in Germany use the bus as public transport for short distances. There are now more bus companies entering the German market that offer buses for long-distance transportation in an attempt to compete with Deutsche Bahn. bus v. train

Finally, the same percentage used the tram or metro in Germany as in the EU as a whole. The importance of trams or metros is small compared to the car, train or bus. Reasons for this are higher costs and the fact that the rail network is extensive. Metros and trams are important in cities while all other means of transportation are used in rural areas and for long distances. tram and metro

To conclude, it can be said that there has to be a change both in Germany and the EU for reasons of environmental protection. Fewer CO_2 emissions from the excessive use of the car and greater use of public transportation might help to reduce those emissions. **Schluss**

(325 words)

Hessen Englisch ▪ Abschlussprüfung Fachoberschule
Übungsaufgabe 2

HÖRVERSTEHEN

1 Listen to the audio file and complete the table with the relevant information in English based on the information you hear. (15)

a	**Information** given about Dr Ellen MacDermott *Name three aspects.*		(3)
b	**Positive aspects of being a nurse,** although it does not pay that well *Name two.*		(2)
c	**Who** is **Florence Nightingale**? *Name four aspects.*		(4)
d	**Activities** of middle-class women to become suitable wives *Name two.*		(2)
e	**Ways** to express sympathy with the poor *Name two.*		(2)

f	**What changed** for females after Elizabeth Garret passed her medical exam and became a successful doctor? *Name two.*		(2)

LESEVERSTEHEN

Text I **Scientists warn that social and economic price of plastic waste to global society has been underestimated**

Plastic pollution in the world's oceans costs society billions of dollars every year in damaged and lost resources, research has found.

Fisheries, aquaculture, recreational activities and global wellbeing are all negatively affected by plastic pollution, with an estimated 1–5 % decline in the benefit humans derive from oceans. The resulting cost in such benefits, known as marine ecosystem value, is up to $ 2.5tn (£ 1.9tn) a year, according to a study published this week in Marine Pollution Bulletin.

Plastic waste is also believed to cost up to $ 33 000 per ton in reduced environmental value, the study found. An estimated 8 m tons of plastic pollution enter the world's oceans every year. Dr Nicola Beaumont, an environmental economist at Plymouth Marine Laboratory, who led the study, said the investigation was the first of its kind to explore the social and economic impact of plastics in the sea.

"Our calculations are a first stab at 'putting a price on plastic'. We know we have to do more research to refine, but we are convinced that already they are an underestimate of the real costs to global human society," said Beaumont.

The estimates do not take into account the direct and indirect impacts on the tourism, transport and fisheries industries, or on human health, the authors warned.

Plastic waste can be found all over the world – from the most populated coastlines to the most remote – and its impact on zooplankton, invertebrates, fish, turtles, birds and mammals is all negative, the study found. But authors discovered that plastics – which can remain buoyant for decades or longer, travelling distances of more than 3,000 km from origin – create new habitats for bacteria and algae. These "colonies" increase the biogeographical range of bacteria and algae, thereby risking the spread of invasive species and disease, the research found.

Dr Kayleigh Wyles, an environmental psychology lecturer at the University of Surrey, said the research was the first to show the "holistic" impact of plastic pollution. "As well as the devastating effect plastics have on our ecological and marine systems, they also directly and indirectly impact society," she said. "Quantifying the enormous tangible and intangible costs associated with marine plastic waste can only help to make the case for devoting our attention and resources now to protecting the seas for future generations to enjoy."

Beaumont said she too hoped the study would streamline services to address plastic pollution and "help us make informed decisions". "Recycling a ton of plastic costs us hundreds against the costs of thousands if we let it into the marine environment," she said.

"We now trade carbon to reduce emissions to the atmosphere, so we should be able to do something similar with plastics. We hope this study will highlight the reality of the plastic problem in human terms." *(475 words)*

Kate Hodal: Marine plastic pollution costs the world up to $2.5tn a year, researchers find, 04. 04. 2019,https://www.theguardian.com/global-development/2019/apr/04/marine-plastic-pollution-costs-the-world-up-to-25bn-a-year-researchers-find. *Copyright Guardian News & Media Ltd 2021*

2 Please read the text (Text I) and complete the table with the relevant information in German. (15)

a	Kosten von Plastikmüll pro Tonne		(1)
b	Inhalt der Studie von Dr Nicola Beaumont *Nennen Sie 2 Aspekte.*		(2)
c	Aspekte, die in der Studie unberücksichtigt bleiben, sind … *Nennen Sie 4 Aspekte.*		(4)
d	Eigenschaften von Plastik *Nennen Sie 4 Aspekte.*		(4)

e	Erhoffte Konsequenzen aus Beaumonts Studie *Nennen Sie 4 Aspekte.*		(4)

MEDIATION

Text II Has Germany hit the jackpot of recycling? The jury's still out

At a drinks retailer on the outskirts of Hamburg, a father holds up his three-year-old son to help him push an empty plastic water bottle into a hole on a large grey machine. [...]

With its reputation as a recycling world champion, Germany is seen by many as the inspiration behind Britain's new deposit return scheme (DRS) for bottles and cans [...].

Introduced by Germany's Social Democrat/Green coalition government in 2003, Germany's deposit system has had an overwhelmingly positive effect on littering and introduced fun technology, but has also come with some unexpected social side-effects.

The original idea behind the price difference was twofold: on the one hand, it increased the incentive for people to return environmentally-harmful plastics that would otherwise litter the landscape. On the other hand, the higher price was designed to make non-reusable beverage containers less attractive in the long run.

In larger German cities, hundreds of [...] "deposit collectors" [...] roam the streets [...], searching bins for plastic bottles they can take to the next supermarket.

(165 words)

Philipp Oltermann: Has Germany hit the jackpot of recycling? The jury's still out, 30. 03. 2018, https://www.theguardian.com/world/2018/mar/30/has-germany-hit-the-jackpot-of-recycling-the-jurys-still-out. Copyright Guardian News & Media Ltd 2021

Text III Überblick über das Migrationsgeschehen in Deutschland

Nachdem die Zuwanderung nach Deutschland im Jahr 2015 insbesondere aufgrund des hohen Zuzugs von Asylsuchenden mit 2,1 Millionen Zuzügen und einer Nettomigration von 1,1 Millionen Personen einen Höchststand erreichte, ging die Nettomigration in den vier Folgejahren wieder zurück. [...] Das Migrationsgeschehen nach Deutschland ist seit Jahren vor allem durch Zuwanderung aus bzw. Abwanderung in andere europäische Staaten gekennzeichnet. So kamen 2019 66,5 Prozent aller zugewanderten Personen aus einem anderen europäischen Land davon 51,1 Prozent aus Staaten der

EU und 15,4 Prozent aus den übrigen europäischen Staaten. 13,7 Prozent der Zuwandernden zogen aus einem asiatischen Staat zu. Lediglich 4,2 Prozent der Zuwandernden kamen aus afrikanischen Ländern nach Deutschland und 5,5 Prozent aus Amerika, Australien und Ozeanien.

Die Bedeutung der innereuropäischen Migration zeigt sich auch bei den Fortzügen: Auch hier war Europa die Hauptzielregion. Etwa zwei Drittel der abwandernden Personen zogen im Jahr 2019 aus Deutschland in ein anderes europäisches Land (67,3 Prozent), 56,0 Prozent wanderten in andere EU-Mitgliedstaaten. Der Anteil der Fortzüge nach Asien betrug 7,9 Prozent, derjenige nach Amerika, Australien und Ozeanien 5,0 Prozent. Nach Afrika wanderten lediglich 2,7 Prozent der registrierten fortziehenden Personen ab.

Deutlich rückläufige Zuwanderungszahlen wurden für die Hauptherkunftsländer von Schutzsuchenden verzeichnet. Während im Jahr 2017 Syrien in der Reihenfolge der zugangsstärksten Herkunftsländer noch den sechsten Rang belegte, zählt es seit 2018 nicht mehr zu den zehn quantitativ wichtigsten Herkunftsländern im Wanderungsgeschehen insgesamt. Auch 2019 gingen die Zuwanderungszahlen aus Syrien um 17,1 Prozent zurück, ebenso beim Irak (-26,4 Prozent) und bei Iran (-18,2 Prozent).

(267 words)

https://www.bamf.de/DE/Themen/Forschung/Veroeffentlichungen/Migrationsbericht2019/MigrationsgeschehenDeutschland/migrationsgeschehendeutschland-node.html

3.1 Translate the text excerpt (Text II) without the title freely into German. Remember to translate as closely as possible and as freely as necessary. (15)

3.2 Summarise the text (Text III) in English in no more than 150 words. One point (BE) will be deducted for every 10 words that are over the word limit. Please count your words in groups of 10. (15)

PRODUKTION

4 Comment on the following statement.

"Earth provides enough to satisfy every man's needs, but not every man's greed." (Mahatma Gandhi)

Write 270–330 words.

Two points (BE) will be deducted for every 15 words that are below the word limit. One point (BE) will be deducted for every 15 words that are over the word limit.

Please count your words in groups of 50. (25)

Lösungsvorschläge

HÖRVERSTEHEN

Transkript From nursing to healing: Women in medical professions

Interviewer: Ladies and gentlemen, welcome to our special edition on women's empowerment. Today, we take it for granted – at least in most parts of the world – that men and women are equal and can do the same jobs. This is especially true in our hospitals, where we encounter women working as both nurses and doctors. However, it has not always been like that and today we want to look at two women who in some way symbolise women's transition from nurses to doctors. With me in the studio is Dr Ellen MacDermott, who, apart from working as a doctor in a London hospital herself, is also a dedicated feminist and has recently published an interesting book entitled *Women in Medicine: From Nursing to Healing.*

Speaking of nursing, doesn't it make you wonder why, when we use the word "nurse", we always mean a woman, and if it is a man doing the same job, we refer to him as a "male nurse"? Nursing does seem to be a predominantly female profession.

Ellen MacDermott: Well, I suppose it is – at least, most nurses in our hospitals are female. And although working as a nurse doesn't pay that well, nurses enjoy a good reputation as hard-working women doing a very necessary, honourable and professional job.

Interviewer: But according to your book, it hasn't always been like that, has it?

Ellen MacDermott: Let me take you back 150 years in time to Victorian England, a society which looked very differently at nurses and nursing. The first name that comes to your mind when you think about nurses will probably be Florence Nightingale, the English middle-class woman who in 1854 went to the front during the Crimean War and took care of the wounded soldiers. She also published books on nursing, stressing the importance of cleanliness in hospitals, and slowly but surely succeeded in establishing nursing as a proper profession. That was in the second half of the 19th century. Before that, hospitals were unbelievably dirty. Hygiene as we know it did not exist, and nursing was considered a rather dirty job, often done by so-called "fallen" girls, who, apart from working as nurses, were also part-time prostitutes.

Now, women from the middle classes, who had piano and drawing lessons and learnt French and other things to make them suitable wives, were not really supposed to enter such hospitals at all. When Florence expressed the wish to help out in one of the local hospitals, her parents considered this absolutely improper for a girl of such high standing.

Yes, it was normal for middle-class girls to express some sympathy with the poor, by giving money to charity organisations, for instance, or by helping to run a soup kitchen to feed those who didn't have a bite to eat. But actually working with and touching such lower-class people at a hospital, perhaps even seeing them in all their nakedness? Not to mention that when women were working at hospitals, there was always the danger (at least in the fantasies of the parents) of an affair with one of the doctors … No, a hospital was no place for a good, decent woman, so when Florence Nightingale decided to become a nurse, this was something quite extraordinary and outrageous.

Interviewer: Wow, what a challenging way for Florence Nightingale to become a nurse. I can imagine that it was even harder when women wanted to become doctors at the time?

Ellen MacDermott: Oh yes, you're right. You see, a nurse was still looked at as just being a helping hand, a sort of assistant. The doctors, all men of course, were the ones who did the really important work. So, for a woman to become a doctor was a different story altogether.

In 1860, a young woman called Elizabeth Garrett started to train as a surgical nurse at Middlesex Hospital. But from the very beginning, she wanted to go further. While performing the typical nursing routine, she observed all the surgical operations very carefully. Not only that, she cut up body parts in her bedroom in secret, practising all the various operation techniques she had seen the doctors carrying out. All that practice, which was of course highly illegal, gave her the confidence to go for the medical exam instead of the nursing exam. Well, when the results came out, one E. Garrett came out on top. This was quite embarrassing for the hospital and she was asked to keep it a secret, but she didn't. Soon the news had spread all over the country. Politically speaking, she had attacked a typical male bastion. And she had been quite successful. The times when only men would be allowed to practise as medical doctors were gone. More and more women demanded the right to study medicine and become physicians, and in 1874, the first medical college expressly for women was set up in London. However, many contemporaries – including Queen Victoria herself – still found the idea of women looking at and even cutting up the bodies of dead men more than revolting. It would take quite a few more years before women were truly accepted in the medical profession.

Interviewer: With nowadays more women than men enrolling in medicine in US universities, we have come a really long way. Thank you very much, Ellen, for this revealing interview.

Ellen MacDermott: Thanks for having me.

1 **TIPP**

- **Zu a:** Hier sollen drei Aspekte über Dr Ellen MacDermott genannt werden.
"With me in the studio is Dr Ellen MacDermott, who, apart from working as a doctor in a London hospital herself, is also a dedicated feminist and has recently published an interesting book entitled *Women in Medicine: From Nursing to Healing*." (Z. 6–9)
- **Zu b:** Hier sollen zwei positive Aspekte des Berufes einer Krankenschwester genannt werden.
And although working as a nurse doesn't pay that well, nurses enjoy a good reputation as hard-working women doing a *very necessary, honourable and professional job*." (Z. 15–17)
- **Zu c:** Hier sollen vier Aspekte über Florence Nightingale genannt werden.
"… Florence Nightingale, the English *middle-class woman* who in 1854 went to the front during the Crimean War and *took care of the wounded soldiers*. She also *published books on nursing*, stressing the importance of cleanliness in hospitals, and slowly but surely succeeded in *establishing nursing as a proper profession*." (Z. 21–25)
- **Zu d:** Hier sollen zwei angemessene Beschäftigungen für zukünftige Ehefrauen aus der Mittelschicht genannt werden.
"… women from the middle classes, who had *piano* and *drawing lessons* and *learnt French* and other things to make them suitable wives, were not really supposed to enter such hospitals at all." (Z. 30–32)
- **Zu e:** Hier sollen zwei Möglichkeiten, den Armen zu helfen, aufgezeigt werden.
"… *giving money* to charity organisations, for instance, or by helping *to run a soup kitchen* to feed those who didn't have a bite to eat." (Z. 36/37)
- **Zu f:** Hier sollen zwei Fakten genannt werden, was sich für Frauen verändert hat, seitdem Elizabeth Garret ihren Universitätsabschluss gemacht hat.
  - "The times when only men would be allowed *to practise as medical doctors* were gone. More and more women demanded *the right to study medicine and become physicians*, and in 1874, the first *medical college expressly for women* was set up in London." (Z. 61–64)
  - "With nowadays *more women than men enrolling in medicine in US universities*, we have come a really long way." (Z. 68/69)

a	**Information** given about Dr Ellen MacDermott *Name three aspects.*	• **doctor** / physician • **works in London (hospital)** • **feminist** • published a book ("Women in Medicine: From Nursing to Healing")
b	**Positive aspects of being a nurse,** although it does not pay that well *Name two.*	• **good reputation** (as hard-working women) • **a very necessary profession** • honourable • professional job
c	**Who** is **Florence Nightingale**? *Name four aspects.*	• (English) **middle-class woman** • **went to the front** / went to nurse soldiers in the war • **took care of wounded soldiers** • **published books** (on nursing) • established nursing as a proper profession
d	**Activities** of middle-class women to become suitable wives *Name two.*	• **piano lessons** • **drawing lessons** • learning French
e	**Ways** to express sympathy with the poor *Name two.*	• **giving money** (to charity organisations) • helping to run a **soup kitchen**
f	**What changed** for females after Elizabeth Garret passed her medical exam and became a successful doctor? *Name two.*	• (demanded) the right to become physicians / a doctor / the **right to study medicine** • the **first medical college for women** (in London) was set up • more women than men study medicine in the US

LESEVERSTEHEN

2 **TIPP**

- **Zu a:** Hier müssen Sie nach den richtigen Zahlen suchen. 2,5 Billionen Dollar bezieht sich auf die Gesamtkosten pro Jahr. Die richtige Lösung finden Sie in der folgenden Textstelle: "Plastic waste is also believed to cost up to *$ 33 000* per ton in reduced environmental value, the study found." (Z. 8/9)
- **Zu b:**
  – "… to explore the social and economic impact of plastics in the sea." (Z. 11/12)

– "'... but we are convinced that already they are an underestimate of the real costs to global human society,' said Beaumont." (Z. 14/15)

- **Zu c:** "The estimates do not take into account the direct and indirect impacts on the tourism, transport and fisheries industries, or on human health, the authors warned." (Z. 16/17)
- **Zu d:** "Plastic waste can be found all over the world – from the most populated coastlines to the most remote – and its impact on zooplankton, invertebrates, fish, turtles, birds and mammals is all negative, the study found. But authors discovered that plastics – *which can remain buoyant for decades or longer, travelling distances of more than 3,000 km from origin – create new habitats for bacteria and algae*." (Z. 18–22)
- **Zu e:** "Beaumont said she too hoped the study would streamline services to address plastic pollution and 'help us make informed decisions'. *'Recycling* a ton of plastic costs us hundreds against the costs of thousands if we let it into the marine environment,' she said. 'We now trade carbon to reduce emissions to the atmosphere, so we should be able to do something similar with plastics. We hope this study will highlight the reality of the plastic problem in human terms.'" (Z. 32–38)

a	Kosten von Plastikmüll pro Tonne	• **33 000 Dollar** (pro Tonne)
b	Inhalt der Studie von Dr Nicola Beaumont *Nennen Sie 2 Aspekte.*	• **soziale und wirtschaftliche Auswirkungen** von Plastik im Meer • **reale Kosten von Plastik im Meer** für Menschen und Gesellschaft
c	Aspekte, die in der Studie unberücksichtigt bleiben, sind … *Nennen Sie 4 Aspekte.*	• Auswirkungen auf **Tourismusbranche** • Einfluss auf **Transport**/Logistik • Einfluss auf **Fischereiwesen** • Einfluss auf **Gesundheit der Menschen**
d	Eigenschaften von Plastik *Nennen Sie 4 Aspekte.*	• ist **überall auf der Welt** zu finden • **negative Konsequenzen für Meerespflanzen und -tiere** • **bleibt für Jahrzehnte oder länger erhalten** / zersetzt sich erst nach Jahrzehnten • **„wandert" 3 000 km oder länger** / legt weite Strecken zurück • ermöglicht neuen Lebensraum für Algen und Bakterien

e	Erhoffte Konsequenzen aus Beaumonts Studie *Nennen Sie 4 Aspekte.*	• **gezieltere Maßnahmen/Dienste, um Plastikverschmutzung anzugehen** • **Treffen gezielterer Entscheidungen** • mehr **Recycling** (da kostensparender) • **Plastikhandel nach dem Modell des derzeitigen Emissionshandels** (zur Reduzierung von Plastik)

MEDIATION

3.1 TIPP

- *on the outskirts of Hamburg:* an Hamburgs Stadtrand
- *three-year-old:* dreijährigen
- *push:* „schieben", *hier auch* „stecken"
- *recycling champion:* Wiederaufbereitungsweltmeister, Wiederverwertungsweltmeister
- *inspiration behind:* Inspiration(squelle) hinter/für, das Vorbild für
- *deposit return scheme:* Pfandrückgabesystem
- *Introduced by Germany's Social Democrat/Green coalition government in 2003:* Seit es von der Koalition aus Deutschlands Sozialdemokraten und Grünen 2003 eingeführt wurde
- *littering:* „die Vermüllung", „(die) Umweltverschmutzung". Dieser Begriff kann auch umschrieben werden, z. B. „das Wegwerfen von Müll in die Natur oder auf die Straße"
- *has … come with:* brachte
- *increased the incentive:* erhöhte … den Anreiz
- *people:* Menschen
- *designed:* entwickelt
- *in the long run:* auf lange Sicht

Bei einem Getränkehändler am Stadtrand von Hamburg hebt ein Vater seinen drei Jahre alten Sohn hoch, um ihm dabei zu helfen, eine leere Plastikwasserflasche in ein Loch in einer großen grauen Maschine zu werfen. (2)

Mit seinem Ruf als Recycling-Weltmeister wird Deutschland von vielen als die Inspiration hinter Großbritanniens neuem Pfandsystem für Flaschen und Dosen (an)gesehen. (3)

Eingeführt durch Deutschlands Koalition aus SPD und Grünen im Jahr 2003, hatte das deutsche Pfandsystem eine überwältigende Wirkung auf das Vermüllen und brachte Technologien mit sich, die Spaß machen, aber es kam auch mit einigen unerwarteten sozialen Nebenwirkungen. (3)

Die ursprüngliche Idee hinter dem Preisunterschied war zweigeteilt: auf der einen Seite <u>ließ</u> dieser <u>die Bereitschaft</u> der <u>Bevölkerung</u> ansteigen, umweltschädliches Plastik, das sonst die Landschaft verschmutzen würde, zurückzugeben. (3)
Auf der anderen Seite wurde der höhere Preis <u>konzipiert</u>, um Einweggetränkeverpackungen <u>langfristig</u> weniger attraktiv zu machen. (2)
In größeren deutschen Städten durchstreifen hunderte sogenannte „Pfandsammler" die Straßen und durchsuchen Abfalleimer nach Plastikflaschen, die sie zum nächsten Supermarkt bringen können. (2)

3.2 **TIPP**

Bei dieser Aufgabe ist es sinnvoll, die Zuwanderung nach Deutschland und die Auswanderung aus Deutschland weg, direkt zueinander in Bezug zu setzen, da es hier sehr große Gemeinsamkeiten gibt. Beachten Sie, dass eine Sprachmittlung nicht zu sehr ins Detail gehen sollte, sondern gleichzeitig eine Textzusammenfassung ist. Genaue Zahlen und Prozentangaben sollten, wo möglich, weggelassen werden.

- **Einleitung:** *Umbrella sentence* mit Überblick über Inhalt, hier zum Beispiel:
  - deals with migration to and from Germany
- **Hauptteil:**
  - migration decreased after the wave of 2015
  - immigration:
    → most people come from Europe, mainly the EU
    → only a small percentage from Asia, Africa, America, Australia or Oceania
  - emigration:
    → mainly to EU and other European countries
    → only a few people emigrate to Asia, America, Australia or Oceania, least of all to Africa
  - fewer people seeking asylum

Schlusssatz mit Schlussfolgerung

•

The report was published by the BAMF (German Federal Office for Migration and Refugees) in 2019 and gives an overview of migration to and from Germany. **Einleitung**

After the number of immigrants to Germany reached its peak in 2015, it subsequently declined. Migration activity to Germany is mainly characterised by immigration to and emigration from European countries. A small percentage came to Germany from Asian and African countries as well as from America, Australia and Oceania. The majority of emigrants from Germany left to go to other European states, the majority of those being in the

Hauptteil
peak in 2015
mainly to and from Europe
immigration
emigration

EU, followed by Asia, America, Australia and Oceania. Only 2.7 % of those emigrating from Germany left for Africa.

The report also points out that fewer immigrants seeking asylum entered Germany after the wave of refugees in 2015. There is a significant decline in the number of refugees from Syria, Iraq and Iran. — asylum

Migration to and from Germany mainly takes place within Europe. — **Schlusssatz**

PRODUKTION

4 **TIPP**

- **Einleitung:**
  Erläutern Sie kurz in eigenen Worten die Bedeutung des Zitats.
- **Hauptteil**:
  Hier sollen Sie einen Kommentar schreiben. Entscheiden Sie sich, ob Sie der Aussage des Kommentars zustimmen oder ihr widersprechen möchten. Sammeln Sie im Anschluss Argumente für Ihre These und führen Sie diese aus. Sie könnten beispielsweise auf folgende Aspekte eingehen:
  - Our consumption leads to deforestation, which is a major driver of climate change.
  - More transportation leads to more emissions which harm nature and ourselves.
  - Excessive usage of plastic leads to water pollution.
- **Schlussfolgerung:**
  Massive overconsumption destroys our environment and ourselves.

Einleitung
explanation of the quote

For many years our society has had to deal with increasing overconsumption, which leads to us throwing fruit and vegetables as well as clothing away. Although it is satisfying to have a full range of products to buy around the clock, we are also responsible for other countries not having enough to eat. It is as Mahatma Gandhi said: Earth would provide enough to satisfy everybody's needs, but not everybody's greed. Therefore, we need to be more responsible in handling scarce resources and our wants and getting over our greed.

Hauptteil
deforestation

First of all, our massive consumption leads to deforestation in the rain forests. Trees are cut down to plant soya beans or palm oil trees, which increases global warming. The consequences are melting polar caps, floods and also droughts, resulting in more migration to developed countries because of famine or lack of work in the agricultural sector.

Secondly, more production and shopping leads to more transportation and thus more particulate matter and more CO_2 emissions. As a result, there is more global warming but also an increased risk of health problems and therefore higher costs to the healthcare system. This means that we not only destroy our environment because of our greed, but also ourselves.

transportation

Thirdly, the excessive usage of plastic in our daily lives in tools, household gadgets, bottles or other packaging leads to water pollution and microplastics. Sea animals are in danger of starving or getting tangled up and dying. Ultimately, we eat sea animals and therefore consume microplastics as well.

plastic

To sum up, our wants and greed lead to deforestation, increasing CO_2 emissions and excessive usage of plastic. By using scarce resources and wanting more and more we not only destroy our environment but also ourselves. In my opinion, we should evaluate whether shopping 24/7 is worth destroying our planet for.

Schluss

we destroy our environment and ourselves

(304 words)

Hessen Englisch ▪ Abschlussprüfung Fachoberschule 2018
Vorschlag A

HÖRVERSTEHEN

1 Listen to the audio file and complete the table with the relevant information in English based on the information you hear. (15)

a	The majority of new arrivals in Canada are …		(1)
b	Lena Diab's job is …		(1)
c	Reasons for immigration are … *Name five.*		(5)
d	Immigration is important for Nova Scotia because … *Name two reasons.*		(2)
e	Nova Scotia offers… *Name two things.*		(2)
f	The Fund supports initiatives such as… *Name two examples.*		(2)
g	Nova Scotia is also a good place to live because … *Name two reasons.*		(2)

LESEVERSTEHEN

Text I Food of the Future

Unstable food prices and a growing population mean we have to rethink what we eat, say food futurologists. So what might we be serving up in 20 years' time?

Insects

Insects, or mini-livestock as they could become known, will become a main part of our diet. Insects provide as much nutritional value as ordinary meat and are a great source of protein, according to researchers at Wageningen University in the Netherlands. They also cost less to raise than cattle, consume less water and do not have much of a carbon footprint. Plus, there are an estimated 1,400 species that are edible to man. [...]

"Things like crickets and grasshoppers will be ground down and used as an ingredient in things like burgers."

A large part of the world's population already eats insects as a regular part of their diet. Caterpillars and locusts are popular in Africa, wasps are a delicacy in Japan, crickets are eaten in Thailand.

But insects will need a better image to become more popular to the Europeans and North Americans.

Algae

Algae might be at the bottom of the food chain but it could provide a solution to some of the world's most complex problems, including food shortages.

They can feed humans and animals and can be grown in the ocean, a big bonus with land and fresh water in increasingly short supply, say researchers. Many scientists also say the biofuel made from algae could help reduce the need for fossil fuels.

Some in the sustainable food industry predict algae farming could become the world's biggest agricultural industry. It has long been common in Asia and countries including Japan to have huge farms. The great thing about seaweed is, it's the fastest growing plant on earth. Like insects, it could be worked into our diet without us really knowing. Scientists at Sheffield Hallam University used seaweed granules to replace salt in bread and processed foods. The granules provide a strong flavour but were low in salt, which is blamed for high blood pressure, strokes and early deaths. They believe the granules could be used to replace salt in supermarket ready meals, sausages and even cheese.

(358 words)

Denise Winterman: Future foods: What will we be eating in 20 years' time?, 30.07.2012, http://www.bbc.com/news/magazine-18813075

2 Please read the text (Text I) and complete the table with the relevant information in German. (15)

		Insekten	Algen	
a	Gründe für die Notwendigkeit, alternative Lebensmittel zu finden *Nennen Sie zwei.*			(2)
b	Vorteile *Nennen Sie jeweils vier.*			(8)
c	Derzeitige Verwendung in der Lebensmittelindustrie *Nennen Sie zwei Verwendungen für Insekten und eine für Algen.*			(3)
d	Zukünftige Verwendung in der Lebensmittelindustrie *Nennen Sie jeweils eine.*			(2)

MEDIATION

Text II Stop exploiting Syrian Refugee Children

An investigation carried out by independent journalists has just revealed a terrible reality: many Syrian refugee children in Turkey are being exploited in clothing factories that work for well-known brands […].

These children are forced to work for a living in conditions even worse than average because of their precarious situation: they work more than 12 hours a day, and they also get paid less than other workers. As refugees, they don't have the power or the money to resist, making them the perfect victims for exploiters.

These poor children have fled from war and deserve better.

The producers of the brands are saying that they don't know anything about it but they must take responsibility for their supply chains. We must ask all those brands that are producing in factories located in Turkey to guarantee that no supplier is using exploited refugee children to make their clothes. *(146 words)*

Fabio Gandara Pumar: Stop exploiting Syrian refugee children to make clothes , http://www.thepetitionsite.com/808/509/511/stop-exploiting-syrian-refugee-children-to-make-clothes/

Text III Giftiger Elektromüll

In Ghanas Hauptstadt Accra liegt eine der größten Elektroschrott-Müllkippen Afrikas. […] Elektromüll aus aller Welt landet hier. Ein Großteil des Elektroschrotts aus aller Welt landet in Agbogbloshie, einem Slum am Rande der Hauptstadt Accra. Die Gegend hier war früher eine Lagune. Jetzt ist es eine giftige Müllhalde.

Täglich kommen in Ghanas Hafen Container voller Elektrogeräte an. Sie sind gefüllt mit Laptops, Handys, Kühlschränken und Fernsehern. Es ist der Wohlstandsschrott der Industrienationen. Weltweit fallen jedes Jahr schätzungsweise zwischen 20 und 50 Millionen Tonnen Elektromüll an. Rechnerleistungen verdoppeln sich alle paar Jahre, Flachbildschirme verdrängen Röhrenmonitore, Smartphones lassen Handys alt aussehen – und all diese Altgeräte müssen irgendwie, irgendwo entsorgt werden.

Tausende Menschen durchsuchen die Berge von Elektroschrott nach Spuren von wertvollen Metallen (Gold, Coltan oder Kupfer), die in den Altgeräten verbaut sind.

Die Arbeiter verbrennen den Schrott, um an die begehrten Rohstoffe zu kommen. […] Es entstehen gefährliche Gifte, die höchst krebserregend sind. (Die Liste reicht von Blei und Cadmium bis Quecksilber und Chrom.) Täglich atmen die Menschen, meist Kinder und Jugendliche, die giftigen Dämpfe ein. […] Die Gewinnung von Rohstoffen durch Recycling ist vielen Industrieländern zu teuer. Es rentiert sich bisher kaum, denn die Mengen an Metallen, die dabei wiederverwertet werden könnten, sind bisher nur sehr gering. Statt den Elektromüll in den Herkunftsländern zu recyceln, wird er als gebrauchsfähige Second-Hand-Ware gekennzeichnet und nach Asien oder Afrika exportiert.

Aber in Wahrheit ist ein großer Teil davon einfach nur Schrott, obwohl Schrott eigentlich nicht exportiert werden dürfte. […] *(240 words)*

Annika Zeitler: Giftiger Elektromüll, 03.09.2019, http://www.planet-wissen.de/kultur/afrika/ghana/pwiegiftigerelektromuell100.html

3.1 Translate the text excerpt (Text II) without its headline freely into German. Remember to translate as closely as possible and as freely as necessary. (15)

3.2 Summarize the text (Text III) in English in not more than 130 words. One point (BE) will be deducted for every 10 words that you are over the word limit. Please count your words in groups of 10. (15)

PRODUKTION

4 "Changing one's meat consumption or becoming a vegetarian can help to save our nature and climate." Comment on this statement.

Write 270–330 words.

Two points (BE) will be deducted for every 15 words that you are below the word limit. One point (BE) will be deducted for every 15 words that you are over the word limit.

Please count your words in groups of 50. (40)

Hessen Englisch ▪ Abschlussprüfung Fachoberschule 2018
Vorschlag B

HÖRVERSTEHEN

1 *Hörverstehensaufgabe vergleiche Vorschlag A*

LESEVERSTEHEN

Text I High on fun, low on carbon

About 60 Thai tourists enjoyed sea, sand and sun and participated in environmentally friendly activities on the five islands of Trat during the recent three-day Low Carbon Holiday 2015. The success of the first official low-carbon tour in Thailand is proof of the project's success in Trat, about 300 km from Bangkok.

Low carbon climate-friendly destinations are environmentally friendly and focus on reduced CO_2 emissions and more CO_2 absorption through forest conservation and natural balance.

During the Low Carbon Holiday, the tourists travelled from Bangkok to Trat where they took ferries and travelled Koh Kut, an island of beautiful beaches, crystal clear sea and plenty of plants and flowers. After having lunch by the Khlong Chao Canal, they were planting trees at Khlong Chao Waterfall, releasing baby fish or crabs into the Khlong Chao Canal, or kayaking on the canal. On the other days, the group visited organic vegetable farms at Koh Mak Resort and planted coral. Later, it took about an hour for them to reach Koh Chang where they attended a workshop at a natural therapy centre. At night, they enjoyed a beach party which highlighted a cooking show with seven leading chefs to prepare the "chef's dish on desire" from local ingredients.

After the three-day holiday, all tourists returned home happy and inspired. This first low-carbon holiday got positive feedback from tourists asking for similar trips.

"We are delighted and wish to apply this idea to five other areas, including Nan and Sukhothai provinces," said the manager who had the idea for this programme. "Low-carbon tourism should include using public transportation and bicycles, travelling while conserving the environment, eating local food and staying at environmentally-friendly resorts."

Resorts and hotels that participate in the low-carbon tourism project have garbage management systems, recycled water for gardening, and use solar cells and post signs suggesting guests adjust the temperature to 25 °C and switch off air-conditioners and lights when leaving their rooms.

This three-day, two-night low-carbon holiday programme was a role model for tourism programmes to decrease carbon emissions. "Our studies and comparisons found it could lower carbon dioxide emissions by 56 % compared to regular trips," said Jakrapad Taveteekul, chairman of the Trat Tourism Industrial Council. "This low-carbon holiday will improve the reputation of Trat as a high quality tourist destination."
Trat is accessible by private car, public bus, van and plane. *(393 words)*

High on fun, low on carbon, Bangkok Post 3/03/2016, https://www.bangkokpost.com/print/884612/

2 Please read the text (Text I) and complete the table with the relevant information in German. (15)

a	Fakten über Trat *Nennen Sie zwei.*		(2)
b	Merkmale von klimafreundlichen Urlaubszielen *Nennen Sie zwei.*		(2)
c	Umweltfreundliche Unternehmungen während des klimafreundlichen Urlaubs *Nennen Sie drei.*		(3)
d	Wünschenswerte Elemente von klimafreundlichem Tourismus. *Nennen Sie zwei.*		(2)
e	Anforderungen an die Hotelanlagen, um an dem Projekt teilnehmen zu können *Nennen Sie drei.*		(3)

f	Erfolge des Urlaubsprogrammes gemäß Studien und Touristen *Nennen Sie zwei.*		(2)
g	Möglichkeiten, nach Trat zu gelangen *Nennen Sie eine.*		(1)

MEDIATION

Text II Virtual water

The fact is that there is a growing global water crisis. We need action on several fronts.

Some experts recommend billion-dollar infrastructure and huge dams, but I prefer solutions […] which aim to improve the productivity of water […].

One major step in the right direction is finding out where water is being used and wasted, which often includes consumption invisible to us […].

Hardly anyone looks at a cotton T-shirt, a car, or a light switch and thinks about water. […]

A British professor […] came up with the concept of "virtual water" to track the use of water in global industry and trade.

Virtual water is the amount of water embedded in food or other products based on how much water was needed to extract the resources and produce that item. […]

(134 words)

Annie Leonard: Story of Stuff, Free Press: New York 2010, S. 17

Text III Hüllenlos einkaufen

Die Gegenbewegung zum Verpackungswahn beginnt sich zu formieren. In Berlin Kreuzberg hat kürzlich ein Supermarkt eröffnet, der ein einzigartiges Konzept verfolgt. „Original Unverpackt“ verkauft Brot, Obst, Gemüse, Käse und Nudeln – so wie jeder andere Supermarkt auch. Das Besondere: All das gibt es gänzlich ohne Einwegverpackung. Über 400 verschiedene Produkte bevorratet der kleine Laden in Regalen, Pumpspendern oder durchsichtigen Röhren. Wer hier kauft, braucht etwas Zeit und viele Dosen, Gläser, Flaschen und Beutel zum Abfüllen und Einpacken der Lebensmittel. Für Spontan-Käufer stehen Mehrwegbehälter bereit, die gegen Aufpreis mitgenommen werden können.

Bei der Eröffnung von „Original Unverpackt“ standen die Kunden Schlange. „Sie scheinen geradezu darauf gewartet zu haben“, sagt Emilie Florenkowsky, die mit ihrer Beratungsfirma „Unverpackt Einkaufen“ verpackungsfreie Konzepte für den Einzelhandel anbietet. In Deutschland hatten die Konsumenten bislang nur wenig Möglichkeiten, Abfall zu vermeiden, stellt die gebürtige US-Amerikanerin und Gründerin des Geschäfts fest: „In den USA gibt es viele Geschäfte, die Trockenwaren wie Nüsse oder Reis lose verkaufen. Es gibt gute Spendersysteme, die immer weiterverbessert wurden. Das hat mir in Deutschland immer gefehlt.“ „Original Unverpackt“ hat das Potenzial, Keim einer neuen Einkaufskultur zu werden. Weitere reinrassige Unverpackt-Läden gibt es bislang jedoch nur in Kiel, Wien und im italienischen Campannori. Doch selbst wenn man keinen Laden in der Nähe hat, der sein Sortiment hüllenlos feilbietet, lässt sich überflüssiger Verpackungsmüll zumindest weitgehend vermeiden. Viele Bioläden verkaufen einen Teil ihrer Waren offen – meist das Trockensortiment. Vereinzelt sind auch Spendersysteme für Spül- oder Reinigungsmittel im Einsatz. Kauft man Bier, Milch und Joghurt in Mehrwegflaschen und -gläsern, schrumpft der Müllberg daheim weiter. Der beste Müll ist eben der, der gar nicht erst anfällt. *(267 words)*

Müllfrei leben, in: Naturschutz heute (1.15) 2015, S. 35

3.1 Translate the text excerpt (Text II) without the title freely into German. Remember to translate as closely as possible and as freely as necessary. (15)

3.2 Summarize the text (Text III) in English in not more than 140 words.

One point (BE) will be deducted for every 10 words that you are over the word limit. Please count your words in groups of 10. (15)

WRITING

Cartoon

Popa Matumula/cartoon movement

4 Describe and interpret the cartoon concerning the issue of e-waste. Also consider the reasons for this development.

Write 270–330 words.

Two points (BE) will be deducted for every 15 words that you are below the word limit. One point (BE) will be deducted for every 15 words that you are over the word limit.

Please count your words in groups of 50. (40)

HÖRVERSTEHEN

Transkript Young refugees living the Canadian dream

Julia Anderson (news anchor): This is CSS News, good afternoon. My name is Julia Anderson. We're glad that you tuned in today. This week's topic is "Young refugees living the Canadian dream". Each year more than 10,000 refugees come to Canada. Many are young. Most of the new arrivals are people aged 30 and younger. But what begins as a difficult and frightening experience turns out to be a success story for many. I have the pleasure of speaking to Lena Diab, the Minister of Immigration for Nova Scotia. Hello Ms Diab, welcome to our show.

Lena Diab (Minister of Immigration): Thank you, I'm glad to be here.

Julia Anderson: Ms Diab, why are people leaving their home country and starting a new life in Canada?

Lena Diab: Well, every year, millions of people take difficult and often dangerous journeys from their home countries to a new nation. Motivations for leaving are as varied as the immigrants themselves. Some leave for opportunity, in the hopes they will find higher-paying jobs, better schools and safer homes than they had access to in their home country. These families are often motivated by providing their children with a better place to live and better career potential than what they would have found if they had not moved.
Some immigrants simply leave their countries because they prefer to live someplace else. This is sometimes seen in military families stationed in foreign countries who get used to the lifestyle and the culture or in people who are very frustrated with their country's behaviour and want to live in a place where they feel more welcome. It is also common for one person to immigrate to another country to marry and live with someone they met while travelling abroad.
Another reason can be persecution. Political and religious persecution is still very common in some parts of the world. In certain areas, those who practise a particular religion may even face imprisonment or threats against their lives. Those immigrants often choose to leave for a place in which they can practise their religion in peace and safety.

Julia Anderson: We are under the impression that Nova Scotia is working very hard to get new immigrants. Other provinces and even countries close their borders, but here in Canada they seem to be welcome. Why is that?

Lena Diab: Well, immigrants helped build Nova Scotia. Growing our economy is important to Nova Scotia's future and attracting immigrants is important to our economic success. We don't have enough skilled and educated workers so there's a growing need for such people. We need more immigrants, more refugees and more people from other parts of Canada to work, to stay and make their homes here.

Julia Anderson: So, how do you try to attract people and convince them to choose Nova Scotia?

Lena Diab: First of all, we make them feel welcome and wanted here. In addition, I am convinced that we offer excellent services across the province, including language courses, employment agencies and cultural integration training. Of course, the government is only part of the solution. But also our communities and individual Nova Scotians are clearly stepping forward and truly welcoming our new Nova Scotians.

Julia Anderson: To integrate the immigrants, communities play a vital role. What assistance is offered here?

Lena Diab: As a group or an individual, you are able to sponsor refugees to come to Nova Scotia by providing financial support for costs such as arrival, care, lodging and settlement in the community. In addition, there exists a Community Refugee Support Fund, which will provide amounts up to $ 1,000 to community and sponsoring groups who are helping refugees settle into the communities.

Julia Anderson: Which initiatives are supported?

Lena Diab: Welcoming initiatives such as community picnics, breakfasts, neighbourhood gatherings as well as social and cultural events like cooking classes, art events, language classes, conversation groups, etc.

Julia Anderson: That sounds great! I think it is not easy for the immigrants to find a job. Is there any support to make it easier?

Lena Diab: Yes, of course. The Immigrant Services Association of Nova Scotia is helping immigrant job seekers to connect with employers in Nova Scotia.

Julia Anderson: What about finding an apartment or house, especially for families?

Lena Diab: It is very affordable to buy a home in Nova Scotia. The cost of living is actually one of the lowest in Canada. Children are also lucky to be able to play outside and walk safely to schools located close to their homes.
And you should not forget that we have more than 7,400 kilometres of coastline. In general, we are fortunate to be surrounded by the natural beauty of the sea, green forests, lakes and farmland. All of this, combined with our growing cities and low cost of living, makes Nova Scotia one of the most enjoyable places to live in Canada.

Julia Anderson: I have to admit that sounds like a really inviting offer for immigrants and refugees, and should be a win-win situation. Thank you for giving us all this information.

Lena Diab: It was my pleasure.

1 **TIPP**

Für jede richtige Antwort in der Tabelle erhalten Sie eine BE. Wenn Ihre Lösung sprachlich abweicht, inhaltlich jedoch das Gleiche ausdrückt, erhalten Sie den Punkt. Oft wird nur eine bestimmte Anzahl von Teilaspekten der Frage gefordert, zum Beispiel „Nennen Sie fünf Gründe für Einwanderung". Wenn Sie mehr als fünf Punkte heraushören, achten Sie am Ende der Hörübung darauf, dass nur Ihre ERSTEN fünf Lösungsvorschläge gewertet werden können, und streichen Sie notfalls Aspekte, bei denen Sie sich nicht sicher sind.

- **Zu a:** Hier soll das Alter der Neuankömmlinge dargelegt werden: "Most of the new arrivals are people aged 30 and younger." (Z. 4)
  Die Aussage „young refugees" ist zu ungenau, die Aussage „30 years old" ist unvollständig.
- **Zu b:** Hier soll die Berufsbezeichnung genannt werden: "I have the pleasure of speaking to Lena Diab, the Minister of Immigration for Nova Scotia." (Z. 6/7)
  Die Berufsbezeichnung ist entscheidend, die Region kann man ergänzen, es führt jedoch nicht zu einem Abzug, wenn sie nicht erwähnt wird.
- **Zu c:** Hier sollen Gründe für Zuwanderung/Einwanderung aufgelistet werden. Sie finden die Lösungen in Zeile 11–28 des Transkriptes. Fünf Aspekte reichen aus. Sollten mehr Aspekte genannt werden, werden nur die ersten fünf bewertet. Die in Klammern stehenden Begriffe können auch weggelassen werden.
- **Zu d:** Hier sollen zwei Gründe für die Bedeutung der Einwanderung für Nova Scotia genannt werden:
  - "... immigrants helped build Nova Scotia." (Z. 32)
  - "Growing our economy is important to Nova Scotia's future and attracting immigrants is important to our economic success." (Z. 32–34)
  - "We don't have enough skilled and educated workers so there's a growing need for such people." (Z. 34/35)
- **Zu e:** Hier sollen zwei Aspekte genannt werden, was Nova Scotia den Neuankömmlingen bietet:
  - "First of all, we make them feel welcome and wanted here." (Z. 39)
  - "... we offer excellent services across the province including language courses, employment agencies and cultural integration training." (Z. 40/41)
- **Zu f:** Hier sollen Initiativen aufgezeigt werden, die durch den Hilfsfond finanziell unterstützt werden: "Welcoming initiatives such as community picnics, breakfasts, neighborhood gatherings as well as social and cultural events like cooking classes, art events, language classes, conversation groups, etc." (Z. 52–54)
  Die Aspekte in der Klammer können genannt werden, sie wären als solche einzeln auch angemessen. Die allgemeine Formulierung ist aber auch ausreichend.

- **Zu g:** Hier sollen zwei Gründe genannt werden, warum Nova Scotia ein guter Ort zum Leben ist:
  - "It is very affordable to buy a home in Nova Scotia." (Z. 60)
  - "The cost of living is actually one of the lowest in Canada." (Z. 60/61)
  - "Children are also lucky to be able to play outside and walk safely to schools located close to their homes." (Z. 61/62)
  - "And you should not forget that we have more than 7,400 kilometers of coastline. In general, we are fortunate to be surrounded by the natural beauty of the sea, green forests, lakes and farmland." (Z. 63–65)

  Die Aspekte in der Klammer hätten auch aufgezeigt werden können und führen dann zur Punktevergabe.

a	The majority of new arrivals in Canada are …	• (people aged) **30 years old and younger**
b	Lena Diab's job is …	• **Minister of Immigration (in Nova Scotia)**
c	Reasons for immigration are … *Name five.*	• **higher paying jobs** • **better schools** • **safer homes** • **better place to live** (for children) • **better career potential** (for children) • live somewhere else (military families) • feel more welcome • marry and live with someone • persecution (political, religious) • practise religion (in peace and safety)
d	Immigration is important for Nova Scotia because … *Name two reasons.*	• **immigrants helped build Nova Scotia** • **immigrants are important for economic success** • there are not enough skilled and educated workers
e	Nova Scotia offers… *Name two things.*	• **immigrants a feeling of being welcome and wanted** • **language courses** • employment agencies • cultural (integration) training
f	The Fund supports initiatives such as… *Name two examples.*	• **community picnics** • **breakfasts** • neighbourhood gatherings • social and cultural events (cooking classes, art events, language classes, conversation groups)

g	Nova Scotia is also a good place to live because … *Name two reasons.*	• **homes are affordable** • **the cost of living is low** • children can play outside/walk to school safely • there are schools close by • of the beautiful landscape (coastline, green forests, lakes, farmland)

LESEVERSTEHEN

2 **TIPP**

- **Zu a:** "Unstable food prices and a growing population mean we have to rethink what we eat, say food futurologists." (Z. 1/2)
  Aussagen zu steigenden Preisen/zunehmenden Kosten für Lebensmittel oder Ähnliches sind nicht akzeptabel, weil sie nicht dem Text entsprechen.
- **Zu b:** Vier Aspekte sind ausreichend. Sollten mehr genannt werden, werden nur die ersten vier Aspekte gezählt.
  Insekten:
  - "Insects provide as much nutritional value as ordinary meat …" (Z. 5)
  - "… and are a great source of protein …" (Z. 5/6)
  - "… cost less to raise than cattle …" (Z. 7)
  - "… consume less water …" (Z. 7)
  - "… do not have much of a carbon footprint." (Z. 7/8)
    Die Aussage „geringe Kohlenstoffabdrücke" ist nicht akzeptabel und führt aufgrund mangelnder sprachlicher Richtigkeit zu keinem Punkt.

  Algen:
  - "… can be grown in the ocean, a big bonus with land and fresh water in increasingly short supply …" (Z. 19/20)
  - "Many scientists also say the biofuel made from algae could help reduce the need for fossil fuels." (Z. 20/21)
    Die Aussage „kann fossile Brennstoffe reduzieren" ist inhaltlich nicht korrekt und führt zu keinem Punkt.
  - "… it's the fastest growing plant on earth." (Z. 24/25)
  - "… it could be worked into our diet without us really knowing." (Z. 25)
  - "… used seaweed granules to replace salt in bread and processed foods." (Z. 26/27)

- **Zu c:**
  Insekten:
  – "Caterpillars and locusts are popular in Africa, wasps are a delicacy in Japan, crickets are eaten in Thailand." (Z. 12/13) Die Wörter gehören nicht zum Standardvokabular und können ggf. nachgeschlagen werden.
  Algen:
  – "It has long been common in Asia and countries including Japan to have huge farms." (Z. 23/24)
  Die Information in Klammern kann auch weggelassen werden.
  – *Alternativ:* "… used seaweed granules to replace salt in bread and processed foods." (Z. 26/27)
- **Zu d:**
  Insekten:
  – "Things like crickets and grasshoppers will be ground down and used as an ingredient in things like burgers." (Z. 9/10)
  Algen:
  – "… used seaweed granules to replace salt in bread and processed foods." (Z. 26/27)
  Hier ist der Salzersatz entscheidend, die Gerichte in Klammern sind Zusatzinformation und können, müssen aber nicht in der Lösung mitaufgenommen werden.

a	Gründe für die Notwendigkeit, alternative Lebensmittel zu finden *Nennen Sie zwei.*	• **wachsende Bevölkerung** • **schwankende/unstabile Lebensmittelpreise** • Lebensmittelknappheit	
		Insekten	**Algen**
b	Vorteile *Nennen Sie jeweils vier.*	• **enthalten genauso viele Nährstoffe wie Fleisch** • **sind eine gute Proteinquelle** • **sind billiger als die Zucht von Rindern** • **brauchen in der Aufzucht weniger Wasser** • geringer CO_2-Ausstoß in der Produktion • *oder zusammenfassend:* haben bessere Ökobilanz	• **können im Meer gezüchtet werden** (Vorteil, da aktuell Mangel an Ackerfläche und Wasser) • **„Algenkraftstoff" hilft, fossile Brennstoffe zu sparen** • **schnelles Wachstum** • **können unbemerkt in Lebensmitteln verarbeitet werden** • gesunder Salzersatz

c	Derzeitige Verwendung in der Lebensmittelindustrie *Nennen Sie zwei Verwendungen für Insekten und eine für Algen.*	• Verzehr von **Raupen und Heuschrecken** in Afrika • Verzehr von **Wespen** in Japan • Verzehr von Grillen in Thailand	• **Verzehr in Asien weitverbreitet** (Algenfarmen in Asien und Japan) • als Salzersatz in (Brot und anderen verarbeiteten) Lebensmitteln
d	Zukünftige Verwendung in der Lebensmittelindustrie *Nennen Sie jeweils eine.*	• **Insektenmehl** als Zutat in verarbeiteten Lebensmitteln, wie **Burgern**	• **Algengranulat kann Salz in verarbeiteten Lebensmitteln ersetzen** (z. B. Käse, Fertiggerichte und Würstchen)

MEDIATION

3.1 **TIPP**

Sinngemäße Übersetzung heißt, dass man so nah wie möglich und so frei wie nötig übersetzen soll. Wenn Sie richtig übersetzen, aber die Sätze nur grammatikalisch eingeschränkt verständlich sind, führt dies zu Punktabzug. Wichtig ist also auch, auf Rechtschreibung und Grammatik zu achten. In der Marginalspalte rechts können Sie sehen, wie viele Punkte Sie für einen richtig übersetzten Textabschnitt erhalten.

Im Folgenden finden Sie Hinweise und alternative Übersetzungen zu den in der Lösung markierten Textstellen:

- *investigation:* Alternativ hätte man auch die folgenden Begriffe nutzen können: Recherche, Nachforschung, Erhebung
- *carried out by:* Alternativ können Sie den Satzteil auch als Relativsatz einfügen: „Eine Untersuchung, die von unabhängigen Journalisten durchgeführt wurde, …"
- *has just revealed:* hat gerade ans Licht gebracht, hat gerade enthüllt, hat gerade öffentlich gemacht
- *reality:* Realität, Wahrheit, Gegebenheit
- *are being exploited:* werden ausgebeutet (bitte auf richtige Zeitform achten!)
- *clothing factories:* Bekleidungsfabriken, Kleidungsfabriken
- *well-known brands:* renommierte Marken(produkte)
- *precarious situation:* prekäre/besonders schlimme/angespannte Situation/Lage
- *are forced:* werden genötigt
- *in conditions:* „in" muss hier mit „unter" übersetzt werden. Die Übersetzung mit „bei" passt an dieser Stelle nicht.

- *because of their precarious situation:* Ihre Lösung muss hier die Kausalität wiedergeben: die Lage der Flüchtlingskinder wird ausgenutzt, um sie in schlechte Arbeitsbedingungen zu zwingen. Eine alternative Übersetzung wäre: „…werden durch ihre prekäre Lebenssituation dazu gezwungen, ihren Lebensunterhalt unter überdurchschnittlich schlechten Bedingungen zu verdienen …"
- *workers:* Arbeiterinnen und Arbeiter
- *to resist:* sich wehren
- *are saying:* behaupten
- *that they don't know anything about it:* dass sie nichts davon wissen
- *supply chains:* Versorgungsketten, Wertschöpfungsketten
- *to ask to guarantee:* Die Formulierung „fragen zu garantieren" wäre hier nicht angemessen. Besser sind Übertragungen mit „auffordern, bitten, ersuchen, verlangen".
- *that no supplier is using exploited refugee children to make their clothes:* dass kein Lieferant ausgebeutete Flüchtlingskinder beschäftigt

Eine von unabhängigen Journalisten durchgeführte Untersuchung hat eine furchtbare Tatsache aufgedeckt: (2)
Viele syrische Flüchtlingskinder werden in der Türkei in Textilfabriken, die für bekannte Marken arbeiten, ausgebeutet. (2)
Die prekäre Situation der Kinder wird ausgenutzt und sie werden gezwungen, unter überdurchschnittlich schlechten Bedingungen ihren Lebensunterhalt zu verdienen. Sie arbeiten mehr als 12 Stunden am Tag und sie werden auch schlechter bezahlt als andere Arbeiter. (4)
Als Flüchtlinge haben sie weder die Macht noch das Geld, sich dagegen zur Wehr zu setzen, was sie zu perfekten Opfern für Ausbeuter macht. (2)
Diese armen Kinder sind vor Krieg geflohen und haben Besseres verdient. Die Produzenten der Marken sagen, sie wissen nichts davon, aber sie müssen die Verantwortung für ihre Lieferketten übernehmen. (2)
Wir müssen all die Marken, die in Fabriken in der Türkei produzieren, dazu auffordern, zu garantieren, dass kein Zulieferer bei der Produktion der Kleidung Flüchtlingskinder ausbeutet. (3)

3.2 **TIPP**

Der dargestellte Text soll in englischer Sprache sinngemäß zusammengefasst werden.
Eine klare Struktur mit Einleitungssatz *(umbrella sentence)*, Hauptteil und Schluss ist unerlässlich für die Zusammenfassung. Bewertet werden Inhalt (sind alle wesentlichen Aspekte aufgezeigt), Stil (die Verwendung einer klaren Struktur mit Strukturvokabular) und Rechtschreibung.
Wird die vorgegebene Wortanzahl von 130 Wörtern überschritten, dann wird je zehn Wörter Überschreitung eine BE von der Gesamtsumme abgezogen. Eine Überschreitung von bis zu zehn Wörtern führt zu keinem Abzug. (Beispiel: 139 Wörter führen zu keinem Abzug, ab 140 Wörtern wird eine BE abgezogen, ab 150 Wörtern werden zwei BE abgezogen …)
Ihre Lösung sollte folgende Aspekte enthalten:

- **Einleitung:** *umbrella sentence* mit allgemeiner Information zum Inhalt, z. B. Name des Autors oder der Autorin, Name der Quelle, Veröffentlichungsdatum und Hauptthema des Textes. Stellen Sie die wesentlichen Inhalte des Textes dar, hier also zum Beispiel:
  - problem of e-waste
  - impact on people in Accra
- **Hauptteil:** Umgang mit Elektromüll aus Industrieländern und den dadurch entstehenden Gefahren
  - slum in Accra has been turned into a large e-waste dump
  - (slum used to be a lagoon)
  - old devices are burned
  - devices are illegally shipped from developed countries
  - recycling in countries of origin is too expensive
  - mainly children and young people retrieve traces of precious metals
  - process releases toxic gases which can lead to cancer
- **Schlusssatz** mit Schlussfolgerung:
  - Africa and Asia are used for the illegal export of e-waste as second-hand devices.

The article "Giftiger Elektromüll" published on www.planet-wissen.de in 2019 addresses the problem of e-waste and its impact on the inhabitants of a slum in Accra which has been turned into one of the biggest e-waste dumps in Africa. **Introduction**

In one of Accra's slums, which used to be a lagoon, thousands of people burn old electronic devices in order to retrieve the metals they contain. Developed countries illegally export electronic waste to Africa and Asia, as recycling is much more expensive in the country of origin. As a result, many children and young people in Ghana try to retrieve precious metals, which releases toxins into the air that can cause cancer. **Main part**

To sum up, Africa and Asia are used for the illegal export of e-waste labelled as second-hand devices in order to save money in developed countries. **Conclusion**

PRODUKTION

4 **TIPP**

Comment on bedeutet, zu einem Sachverhalt oder einer Aussage unter Verwendung von Fachwissen eine begründete eigene Meinung darzustellen.
Ihr Text sollte eine klare Struktur aufweisen. Der *comment* muss die folgenden Bestandteile enthalten:

- **Einleitung** *(Introductory sentence):*
  - Reducing your meat consumption can help our environment.
    or Becoming a vegetarian or changing your meat consumption stands in no relation to the effort required to protect the environment.

  Wichtig ist, dass der Prüfer oder die Prüferin erkennt, welche Meinung Sie vertreten. Diese sollte bereits in der Einleitung deutlich werden.
- **Hauptteil:**
  Comment on verlangt von Ihnen, nur eine (Ihre) Meinung zum Thema darzustellen. Daher können Sie sich für eine der beiden Argumentationsseiten entscheiden.

  Pro: Becoming a vegetarian or reducing your meat consumption can help our environment.
  - Raising animals for human consumption uses up a large quantity of natural resources (water, farmland).
  - Resources used for farming could be used elsewhere: water as drinking water, land for growing crops like vegetables or corn.
  - Increasing meat consumption might lead to water shortages and deforestation (more farmland needed).
  - Deforestation leads to soil erosion and the loss of flora and fauna.
  - Fewer trees mean less production of oxygen which is essential for humans and animals. Less CO_2 is bound, and this contributes to climate change.
  - Cows also produce a lot of methane, which leads to climate change (global warming and natural disasters, such as storms and flooding).

  Die Bedeutung des Aspekts „Klima“ sollte deutlich gemacht werden, da er Teil der Aufgabenstellung ist. Insgesamt sollten die Argumente gut begründet werden. Um die volle Punktzahl zu erhalten, ist es natürlich nicht notwendig, dass alle hier aufgeführten Aspekte aufgezählt werden.

  Con: Becoming a vegetarian or reducing your meat consumption will not have the desired effect
  - Meat has essential vitamins and proteins.

- Lack of these nutrients might cause illness.
- Meat and dairy products are especially important for children's nutrition.
- Other pollutants are more dangerous for the environment (airplanes, cruise ships, road traffic).

- **Schlussteil** *(Conclusion):*
  - Becoming a vegetarian is not necessary to protect the environment, but cutting down on meat consumption would help farmers, animals and the environment.

  Ein guter Schluss kann folgende Aspekte beinhalten: Zusammenfassung der wesentlichen Aspekte, Verdeutlichung der eigenen Meinung, Ausblick auf die Zukunft.

Introduction

Since the 1960s, the amount of meat people eat has increased massively and meat production has been growing all over the world. Nowadays, it is well known that a high level of meat consumption is ecologically harmful. Therefore, I am convinced that reducing the amount of meat we eat can contribute to protecting our environment.

Main part

1. argument: water shortages

First of all, increasing meat consumption might lead to water shortage, as a large amount of water is needed for the animals and the crops that are used as food for animals. Livestock grazing changes the water eco system due to the huge amount of dung produced and increases the probability of groundwater pollution. Consequences can be the destruction and endangering of flora and fauna.

2. argument: deforestation

Furthermore, raising animals for human consumption uses up a great deal of land. Farmland is often obtained by deforestation, which can lead to soil erosion and the loss of flora and fauna. The chopping down of trees also means a decrease in the production of oxygen that is essential for humans and animals. As less CO_2 is bound, deforestation leads to increased climate change.

3. argument: methane emission

Lastly, cattle in particular produce a large amount of methane. This also leads to global warming and natural disasters such as flooding, droughts and desertification. In the long run, climate change is especially harmful for developing countries, which rely on farming and need prosperous farmland.

Conclusion

In conclusion, excessive meat consumption leads to air and water pollution as well as to the shortage of important natural resources. In the long run, this results in the destruction of the environment and the extinction of flora and fauna as well as desertification and famine. By eating less meat and paying more attention to the quality of livestock farming, we can help to protect the environment. Only by respecting scarce resources can farmers, animals and the environment be protected. *(310 words)*

Lösungsvorschläge zu Vorschlag B

LISTENING

1 *Für Hörverstehen vergleiche Vorschlag A*

READING

2 **TIPP**

- **Zu a:** "on the five islands of Trat" (Z. 2), "the first official low-carbon tour in Thailand" (Z. 3), "about 300 km from Bangkok" (Z. 4)
- **Zu b:** "… are environmentally friendly and focus on reduced CO_2 emissions and more CO_2 absorption through forest conservation and natural balance" (Z. 5–7)
  Sie sollten nicht „natürliche Balance finden" schreiben, denn das zeigt, dass der Text inhaltlich nicht wirklich verstanden wurde. Der Begriff der „Waldunterhaltung" ist auch nicht zulässig.
- **Zu c:** "… they were planting trees […], releasing baby fish or crabs […] or kayaking on the canal. " (Z. 11/12) "… the group visited organic vegetable farms […] and planted coral. […] [T]hey attended a workshop at a natural therapy centre. At night, they enjoyed […] a cooking show with seven leading chefs to prepare the 'chef's dish on desire' from local ingredients." (Z. 12–16)
- **Zu d:** "… should include using public transportation and bicycles, travelling while conserving the environment, eating local food and staying at environmentally-friendly resorts." (Z. 21–23)
- **Zu e:** "Resorts and hotels that participate in the low-carbon tourism project have garbage management systems, recycled water for gardening, and use solar cells and post signs suggesting guests adjust the temperature to 25°C and switch off air-conditioners and lights when leaving their rooms." (Z. 24–27)
  Sie können hier auch konkrete Hinweise wie z. B. Licht ausmachen beim Verlassen des Raumes etc. auflisten.
- **Zu f:** "Our studies and comparisons found it could lower carbon dioxide emissions by 56 % …" (Z. 29/30) "This low-carbon holiday will improve the reputation of Trat as a high quality tourist destination." (Z. 31/32)
  "After the three-day holiday, all tourists returned home happy and inspired. This first low-carbon holiday got positive feedback from tourists asking for similar trips." (Z. 17/18)
- **Zu g**: "Trat is accessible by private car, public bus, van and plane." (Z. 33)

a	Fakten über Trat *Nennen Sie zwei.*	• besteht aus **fünf Inseln** • **300 km entfernt von Bangkok** • bietet die ersten offiziellen kohlenstoffarmen Ausflüge in Thailand an
b	Merkmale von klimafreundlichen Urlaubszielen *Nennen Sie zwei.*	• **umweltfreundlich** • **ausgerichtet auf Reduktion der CO_2-Ausstöße** • gleichzeitig soll durch Erhalt von Wäldern und einer natürlichen Balance mehr CO_2 absorbiert werden
c	Umweltfreundliche Unternehmungen während des klimafreundlichen Urlaubs *Nennen Sie drei.*	• **Bäume pflanzen** • **Auswildern von Babyfischen und Krebsen** • **Kajak fahren** • Besuch einer Farm, die Bio-Gemüse anbaut • Korallen pflanzen • Fortbildung an Zentrum für natürliche Therapie • Kochshow mit regionalen Zutaten
d	Wünschenswerte Elemente von klimafreundlichem Tourismus *Nennen Sie zwei.*	• **öffentliche Verkehrsmittel** (oder Fahrräder) **nutzen** • Maßnahmen zum **Umweltschutz während der Reise** • Verzehr regionaler Lebensmittel • umweltfreundliche Unterkünfte
e	Anforderungen an die Hotelanlagen, um an dem Projekt teilnehmen zu können *Nennen Sie drei.*	• **Abfallmanagementsystem** • **wiederaufbereitetes Wasser (zur Bewässerung des Gartens)** • **Solarzellen** • Anbringen von Hinweisen für umweltfreundliches Verhalten der Gäste
f	Erfolge des Urlaubsprogrammes gemäß Studien und Touristen *Nennen Sie zwei.*	• **verringerter CO_2-Ausstoß (um 56 %)** • **der Ruf von Trat verbesserte sich** • Touristen waren nach dem Ausflug fröhlich und inspiriert • positive Rückmeldungen von Touristen, die nach weiteren Ausflügen fragen
g	Möglichkeiten, nach Trat zu gelangen *Nennen Sie eine.*	• **mit dem Auto** • mit dem (öffentlichen) Bus • mit einem Kleinbus • mit dem Flugzeug

MEDIATION

3.1 **TIPP**

- *The fact is:* Alternativ hätte man auch schreiben können „Fakt ist".
- *… a growing global water crisis:* Das Wort „wachsen" würde an der Stelle im Zusammenhang mit Wasserkrise nicht passen. Alternativ kann man auch schreiben, „dass es eine globale Wasserkrise gibt".
- *We need action on several fronts:* Alternativ würde auch „etwas unternehmen" oder „in Aktion treten" passen.
- *billion-dollar infrastructure:* „Billion" muss unbedingt mit „Milliarde" (= 1 000 000 000) übersetzt werden. Das englische Wort für „Billion" (= 1 000 000 000 000) ist „trillion". Eine alternative Übersetzungsmöglichkeit wäre „milliardenschwere Infrastruktur".
- *but I prefer solutions […] which aim to improve the productivity of water:* Aufgrund der Länge würde man in der deutschen Sprache eher einen zweiten Satz schreiben. Das Wort „which" ist ein Indiz für einen Relativsatz und muss deshalb mit Komma und „die/welche" (Bezug auf Lösungen) abgetrennt werden.
- *consumption:* „Consumption" kann in vielen Fällen auch mit „Konsum" übersetzt werden. Im vorliegenden Text muss allerdings mit „Verbrauch" (Wasserverbrauch) übersetzt werden, da Wasserkonsum sich darauf bezieht, wie viel ein Mensch trinkt, es hier aber um die Nutzung von Wasser im Allgemeinen geht.
- *Hardly:* Auch wenn in „hardly" das Wort „hard" (schwer, mühsam) steckt, handelt es sich nicht um das zugehörige Adverb. „Hardly" bedeutet „kaum" und muss so übersetzt werden.
- *the concept of "virtual water":* Für „concept" hätte man auch Konzept / Begriff / Entwurf verwenden können. Aufgrund des Wortes „of" muss der Genitiv („Begriff des ‚virtuellen Wassers'") verwendet oder wie hier umschrieben werden.
- *the use of water:* die Verwendung von Wasser, die Wassernutzung, den Wasserverbrauch

Es ist eine Tatsache, dass die globale Wasserkrise zunimmt. Wir müssen an verschiedenen Fronten aktiv werden. (2)

Einige Experten empfehlen eine Infrastruktur und riesige Dämme für Milliarden von Dollar. Aber ich bevorzuge Lösungen, die darauf abzielen, die Produktivität von Wasser zu verbessern. (3)

Ein wesentlicher Schritt in die richtige Richtung ist es, herauszufinden, wo Wasser genutzt und verschwendet wird, was oft Verbrauch, der zunächst für uns unsichtbar ist, beinhaltet. (2)

Kaum jemand betrachtet ein Baumwoll-T-Shirt, ein Auto oder einen Lichtschalter und denkt dabei über Wasser nach. (2)

Ein britischer Professor kam auf die Idee, über „virtuelles Wasser" zu sprechen, um den Verbrauch von Wasser in Industrie und Handel global zurückzuverfolgen. (2)
Virtuelles Wasser ist die Menge an Wasser, die in Lebensmitteln oder in anderen Produkten enthalten ist, basierend darauf, wie viel Wasser benötigt wurde, um die Ressourcen zu gewinnen und das Produkt herzustellen. (4)

3.2 **TIPP**

- **Einleitung:** *Umbrella sentence* mit allgemeiner Information zum Inhalt, z. B. Name des Autors oder der Autorin, Name der Quelle, Veröffentlichungsdatum und Hauptthema des Textes. Folgende Kerninhalte sollten genannt werden:
  - Berlin shop sells unwrapped products
  - countermovement towards less packaging
- **Hauptteil:** Funktionsweise des Geschäftskonzeptes und die Entwicklung in Deutschland
  - shopping with one's own containers or buying returnable containers
  - concept new in Germany, only a few stores available
  - USA has many stores selling nuts and rice without packaging
  - in some German organic groceries you can find dispenser systems as well
  - returnable bottles and jars reduce waste further
- **Schlusssatz** mit Schlussfolgerung
  - main goal: getting rid of unnecessary packaging
  - best waste is non-existent waste

Introduction

The article "Hüllenlos einkaufen" published in *Naturschutz heute* in 2015 presents a Berlin shop that sells unwrapped products. It shows a countermovement to make us aware that we are using too much packaging.

Main part

The concept leads to less plastic waste, because consumers have to bring their own containers or buy returnable ones in the shop. While there were only a few shops of this kind in Germany in 2015, there were already a large number of them in the US that offered loose products such as nuts or rice. In Germany you can find dispenser systems in organic groceries. By using your own containers and returnable bottles and jars, you can reduce waste and follow the trend even if you do not have an "Original Unverpackt" store nearby.

Conclusion

All in all, this way of shopping helps to avoid unnecessary packaging, because the best waste is non-existent waste.

4 **TIPP**

Es wird erwartet, dass Ihre Lösung einer klaren Struktur folgt. Der Cartoon soll erst beschrieben und dann analysiert werden. Zuletzt müssen Sie Stellung beziehen. Was die Aufgabe erschwert, ist, dass Sie das Problem in maximal 330 Wörtern darstellen sollen. Überschreiten Sie die maximale Wortzahl, dann kommt es zu Punktabzügen. Daher müssen Sie versuchen, Ihre Argumente schnell auf den Punkt zu bringen.

- **Description**:
  - two pictures showing "THEN" and "NOW" with two buildings
  - one building is a repair shop
  - THEN: a man is handing a broken device to the man working in the repair shop
  - repairer takes it gladly
  - NOW: picture below shows same two buildings, but repair shop is closed
  - repairer runs away
  - all broken devices are behind the house on the left-hand side
  - another broken device is being thrown out of the window
- **Interpretation and possible reasons:**
  - current problem: not many repair shops left, because people tend to throw technical devices away
  - often more expensive / not easy / not possible to repair product, so cheaper to buy new one / replace it
  - instead of having an item repaired, people want the latest gadgets
  - people who repair things lose their jobs
  - world's economy is based on capitalism
  - consumption is promoted, repairing devices is not
  - people producing and recycling electronics pay for it (health and environmental problems)
  - illegal recycling in Ghana and China (waste is burned to get to the valuable metals inside)
  - metals sold for little money
  - key message: The cartoonist wants to criticize our overconsumption and the habit of throwing things away instead of repairing them. This has consequences – and not only for our environment.
  - **Tipp: Der Bezug zu Globalisierung, Umwelt und Nachhaltigkeit sollte hergestellt werden.**

The cartoon shows two pictures presenting the same setting: two buildings within the time frame of the past and the present. One building is a repair shop, with the picture showing a man repairing technical devices. In the upper picture one can see a man handing a broken device to the repairer, who takes it gladly. The picture below shows the same setting, but the repair shop is closed and the repairer is running away. All broken devices are piled behind the house on the left, where another broken device is being thrown out of the window.

Introduction
Describing a cartoon

The cartoonist points out that overconsumption and fast technical progress lead to huge amounts of e-waste that harm the environment. There are different reasons for this development.

Main part
Interpretation of a cartoon

First of all, there are not many repair shops left. Nowadays, it is often more expensive to repair devices, or not even possible. Therefore, it seems cheaper and easier to buy a new product or replace an old one.

1. argument: repairing impossible or expensive

Secondly, the device being thrown out of the window and the huge pile of e-waste symbolise the problem of overconsumption. People do not want to have their old items repaired, as they prefer to buy the most recent gadgets. That leads to more e-waste. Our world's economy is based on capitalism. Consumption is supported, but repairing devices, unfortunately, is not.

2. argument: overconsumption

Thirdly, it is easy for western society to get rid of the problem. A large amount of e-waste is exported to developing countries, where people search for precious metals inside those devices. To retrieve the metal, the waste is burnt, which leads to health and environmental problems because of toxic fumes, and water and air pollution.

3. argument: exporting the problem to third world countries

The cartoonist criticizes our shopping behaviour, which has severe consequences for our environment.

I totally agree with the cartoonist. I believe that we must rethink our shopping habits in order to protect the environment and scarce resources. Sometimes, repairing a device is a better alternative than buying a new one. *(329 words)*

Conclusion

Listening - table - E → E (15)

Reading I - table - D → D (15)

II - translate → D (15)

III - summarise → E (10) / (11)

Production - cartoon - describe + comment (25)

270–330 words

or discuss (25) / (22)

HÖRVERSTEHEN

1 Listen to the audio file and complete the table with the relevant information in English based on the information you hear. (15)

a	Dangers for sea animals caused by plastic *Name two.*		(2)
b	Size of microplastics		(1)
c	Things polluting the oceans apart from plastic bags *Name three.*		(3)
d	Sources of microplastics *Name three.*		(3)
e	Reasons why microbeads are dangerous *Name three.*		(3)
f	Reason why marine animals often die from malnutrition or starvation		(1)
g	Examples that are mentioned as to how to reduce plastic *Name two.*		(2)

LESEVERSTEHEN

Text I **Girls as young as NINE forced into marriage by Imams – and authorities are powerless**

Forced marriages are supposed to be illegal in Angela Merkel's nation – but a loophole in the law means officials cannot interfere in religious marriages. Under German law, religious marriages are not legally recognized, and therefore cannot be penalized, and so hundreds of vulnerable children walk down the aisle.

Shocking figures reveal how underage girls are forced by Imams into marriages and disappear from schools because they have to do household chores for their mothers-in-law or even move abroad. The Romani community sometimes marry off 13-year-old girls to 17-year-old boys in ancient ceremonies – in the middle of Germany.

Although the exact figures remain a mystery, authorities in Bavaria counted 161 cases of marriage applicants under the age of 16 and 550 cases under the age of 18 by the end of April.

[…] A staggering 3,443 young girls – approximately a third under the age of 18 – visited a counselling centre in Germany for help in respect of being threatened or already forced into marriage in just a year. The youngest girl was nine years old.

Many parents believe that marriage with often much older men will protect their daughters financially and physically, protect them against rape and secure their honour. Very often a dowry is also paid, they say.

A headteacher at a school in North Rhine-Westphalia explained how underage girls would often disappear from class and come back married.

[…] One teenager's story highlights the plight of underage girls forced into marriage against their will. Nesrin, now 16, is now living in Holland after fleeing her controlling father in Germany.

She was two years old when her family moved to Germany from Iraq and until recently she lived with her father and two brothers.

After the death of her mother, her father introduced a tough regime and suddenly announced his daughter, at the age of 15, would have to marry a friend of her uncle's, an Iraqi in his mid 30s. The 36-year-old oil worker would travel to Germany where an Imam would marry the couple in a mosque. The teenager says she had no choice but to escape. Explaining why she is in Holland, she said: "I can't go to school at the moment. And I'm always afraid that someone from my family sees me. I knew that I could either flee or die." But she hopes to return to Germany one day, adding: "Germany is my home, I can hardly remember Iraq." […] *(403 Wörter)*

https://www.express.co.uk/news/world/700333/Forced-marriage-children-Germany-migrant-crisis-Imams

2 Please read the text (Text I) and complete the table with the relevant information in German. (15)

a	Erklärungen, warum die Behörden/Richter nicht in religiöse Eheschließungen eingreifen können *Nennen Sie zwei.*		(2)
b	Gründe, warum minderjährige verheiratete Mädchen nicht die Schule besuchen *Nennen Sie zwei.*		(2)
c	Ungefähre Anzahl der minderjährigen Mädchen, die wegen Zwangsheirat eine Beratungsstelle in Deutschland aufgesucht haben		(1)
d	Gründe, warum Eltern ihre Töchter häufig mit älteren Männern verheiraten *Nennen Sie vier.*		(4)
e	Verhalten von Nesrins Vater nach dem Tod ihrer Mutter *Nennen Sie zwei Aspekte.*		(2)
f	Informationen über den Mann, den Nesrin heiraten soll *Nennen Sie drei.*		(3)
g	Grund, warum Nesrin nicht zur Schule geht		(1)

MEDIATION

Text II The savvy shopper's guide to ethical fashion

Clothing is the third or fourth largest industry in the world, employing a sixth of the world's population.

Consumer research shows that there is an enormous unprecedented surge in consumer concern about who makes the clothes, how workers are treated and how the manufacturing process affects the environment. This concern has grown to such an extent that demands for fairly traded goods will soon exceed supply in some areas.

A recent consumer poll showed that 90 per cent of the people questioned do not want goods made with child labour, 85 per cent do not want goods produced in sweatshops, 50 per cent do not want goods that damage the environment.

Retailing takes all those consumer opinions very seriously that reach above 30 % in surveys. Marketing has been defined as giving people what they want. So, industry now has to produce ethically. In the past it only considered economic interests.

(150 Wörter)

Matilda Lee: Eco-chic: The savvy shopper's guide to ethical fashion. Gaia Books 2007

Text III Gute Gründe für ein veganes Leben

Immer mehr Menschen entscheiden sich für eine pflanzliche Lebensweise. […]

In Deutschland leben etwa 900 000 Menschen vegan und die Anzahl der Veganer steigt stetig. […] Viele vegan lebende Menschen lehnen das Töten von Tieren ab. In der sogenannten Massentierhaltung werden die Tiere als Ware betrachtet […]. Man enthält ihnen nahezu alles vor, was ihren natürlichen Bedürfnissen entspricht. Auch werden die Tiere bereits in einem sehr jungen Alter geschlachtet. Veganer lehnen alle tierischen Produkte ab, da es den Tieren in der Ei-Produktion z. B. kaum besser geht als den Tieren in der Fleisch-Produktion. In der Ei-Industrie werden jährlich rund 40 Millionen männliche Küken direkt nach dem Schlüpfen getötet, weil sie keine Eier legen können und sich nicht als Masthähnchen eignen. […]

Die Ei-Produktion steht somit untrennbar mit der Fleischindustrie in Verbindung.

Ein hoher Fleischkonsum ist der größte Verursacher schädlicher Treibhausgase. Eine Studie […] kam zu dem Ergebnis, dass die Viehhaltung für 18 % aller globalen Treibhausgase verantwortlich ist. […] Sie fördert außerdem die Abholzung des Regenwaldes: Von diesem wird im Amazonasgebiet 80 % für den Futtermittelanbau gerodet.

Hinzu kommt eine starke Verschmutzung des Grundwassers durch die Exkremente der Tiere. Daneben verbraucht die Produktion von Fleisch und anderen tierischen Produkten selbst sehr viel Wasser. Allein für ein Kilogramm Rindfleisch werden 15 500 Liter Wasser benötigt. Gleichzeitig haben aktuell 800 Millionen Menschen weltweit keinen Zugang zu sauberem Trinkwasser. Die UN schätzt, dass diese Zahl in den nächsten 10 Jahren auf 1,8 Milliarden ansteigen könnte.

Vegan lebende Menschen leisten durch ihre fleischfreie Ernährung somit einen aktiven Beitrag zum Umwelt- und Klimaschutz. *(256 Wörter)*

https://proveg.com/de/5-pros/genuss/

3.1 Translate the text excerpt (Text II) freely into German. Remember to translate as closely as possible and as freely as necessary. (15)

3.2 Summarize the text (Text III) in English in a maximum of 170 words. One point (BE) will be deducted for every 10 words that you are over the word limit. Please count your words in groups of 10. (10)

PRODUKTION

Cartoon

Jimmy Margulies/politicalcartoons.com

4 Describe the cartoon and comment on its message.

Write 270–330 words.

Please count your words in groups of 50. (25)

Hinweis:

Wird die vorgegebene Wortanzahl unterschritten, werden je 15 Wörter Unterschreitung zwei BE von der Gesamtsumme abgezogen.
Wird die vorgegebene Wortanzahl überschritten, wird je 15 Wörter Überschreitung eine BE von der Gesamtsumme abgezogen.
(Beispiel: 270 – 330 Wörter führen zu keinem Abzug, bei weniger als 270 Wörtern werden zwei BE abgezogen, bei weniger als 255 werden vier BE abgezogen … bei mehr als 330 Wörtern wird eine BE abgezogen, bei mehr als 345 Wörtern werden zwei BE abgezogen …)

Hessen Englisch ▪ Abschlussprüfung Fachoberschule 2019
Vorschlag B

HÖRVERSTEHEN

1 *Hörverstehensaufgabe vergleiche Vorschlag A*

LESEVERSTEHEN

Text I Why did L.A. drop 96 million 'Shade Balls' into its water?

The plastic balls, which can save water and protect water quality, are an attempt to cope with California's severe drought.

The Los Angeles Department of Water and Power released 96 million black shade balls into the Los Angeles Reservoir to reduce evaporation and deter algae growth. Los Angeles has turned its main reservoir into a giant ball pit. City officials hope millions of "shade balls" released into the Los Angeles Reservoir will save water in the midst of the worst drought in Californian history.

On Monday Los Angeles Mayor Eric Garcetti supervised the latest release of 4-inch black plastic balls, bringing the total count to 96 million in the 175-acre reservoir. Located in Sylmar, the reservoir holds up to 3.3 billion gallons, enough to supply the city with drinking water for up to three weeks. The city says the balls will shade and cool the water, reducing evaporation from the reservoir and making it less susceptible to algae, bacterial growth, and chemical reactions that can produce harmful substances.

The effort by the Los Angeles Department of Water and Power (LADWP) "is symbolic of the kind of creative thinking we need to meet the drought's challenges," Garcetti said in a statement.

The balls cost 36 cents each, for a total of $ 34.5 million. The concept has been tested since 2008, with the result that shade balls reduce evaporation by 85 to 90 percent. That should equate to saving nearly 300 million gallons a year, enough to provide drinking water for 8,100 people. […]

The balls also inhibit microorganism growth, reducing the treatment the water must undergo through other means. That could save the city $250 million over time, said Garcetti.

Made of black polyethylene, shade balls are filled with water so they don't blow away. A coating resists ultraviolet light and degradation. The manufacturers […] say the balls should last about 25 years.

Ed Osann, a senior policy analyst at the Natural Resources Defense Council, told Bloomberg that the shade balls probably won't release any toxic materials into the water supply. (NRDC has not yet responded to a request for comment.) […]

Los Angeles is the first city to use shade balls on a large scale. The idea came from now-retired […] biologist Brian White, who was inspired by the "bird balls" used to deter birds in ponds along runways.

In addition to the Los Angeles Reservoir, shade balls previously have been deployed on the Upper Stone, Elysian, and Ivanhoe reservoirs. The Las Virgenes Water District is also using them on its reservoir north of the city.

The shade balls are one way Los Angeles has cut its water use by 15 percent in the past two years, in addition to restrictions on irrigation and other measures. […] *(454 Wörter)*

Brian Clark Howard: Why Did L.A. Drop 96 Million 'Shade Balls' Into Its Water?, 12.08.2015, https://www.nationalgeographic.com/science/article/150812-shade-balls-los-angeles-California-drought-water-environment

2 Please read the text (Text I) and complete the table with the relevant information in German. (15)

a	Anlass für das Einbringen von sogenannten „shade balls" in den Wasserspeicher in Los Angeles		(1)
b	Anzahl der „shade balls" im Wasserspeicher insgesamt		(1)
c	Wirkung der „shade balls" auf das Wasser und finanzieller Nutzen *Nennen Sie fünf.*		(5)
d	Geldbetrag, der in die „shade balls" investiert wurde		(1)
e	Auswirkung der Bälle auf die Verdunstung des Wassers in Zahlen		(1)
f	Voraussichtliche Haltbarkeit der Bälle		(1)

g	Was die Haltbarkeit und Funktion der Bälle garantiert *Beschreiben Sie zwei Aspekte.*		(4)
h	Eine weitere Maßnahme zum Einsparen von Wasser in Los Angeles		(1)

MEDIATION

Text II — Sustainability is an important topic – as long as it doesn't require too much effort

Food scandals are becoming more common, animals are kept under shocking conditions, dilapidated clothes factories in the third world are collapsing. It has become impossible to ignore such facts.

As a result, ethical behaviour and consumption has become a trend. This trend influences various decisions, such as vacation planning, food choices, clothing choices and how to treat people and animals. However, this leads to the question of whether it is moral to act ethically just because it is currently "in". Many companies have already adapted to the trend and now offer relevant products and services.

Yet, it is remarkable that companies often do good only when it is easy to implement. But this is equally true of our own consumption. Often enough, we catch ourselves acting contrary to our own inner values because the alternative is easier or cheaper.

(139 Wörter)

Hanne Hägele, Katja Schönborn, Imke Thomssen: How to be good, Handelsblatt Newcomer June/July August 2016, p. 7, https://www.handelsblattmachtschule.de/fileadmin/Images/Newcomer/NC39/NC-Nr.39_GB.pdf

Text III — Wie Einwanderer in den USA jetzt in ständiger Angst vor Ausweisung leben

Donald Trumps hartes Vorgehen gegen Einwanderer sorgt bei den Betroffenen für schlaflose Nächte. Ein Bericht über den Druck und die Angst nicht zu wissen, ob das bisherige Leben morgen vorbei ist.

Bis vor wenigen Wochen führte Emilio Lopez Bautista ein geregeltes Leben: Er stand vor dem Morgengrauen auf, arbeitete auf den Feldern im kalifornischen Coachella-Tal und verdiente genug, um sich ein eigenes Haus leisten zu können. Doch seit Präsident Donald Trump mit aller Härte gegen Einwanderer vorgeht, ist dieses Leben für den 66-Jährigen vorbei. Seine Furcht wächst, sie lässt ihn nicht mehr los.

Nichts sei mehr sicher oder vorhersehbar, sagt der Mann, der vor 30 Jahren mit seiner Frau und den sechs Kindern illegal die Grenze von Mexiko in die USA überquerte.

„Wir haben immer und überall Angst, selbst zu Hause", beschreibt Lopez Bautista seine Gefühlslage. Er lebt in ständiger Furcht, dass er oder ein Familienmitglied gefasst und nach Mexiko abgeschoben werden könnten.

Mit dieser Angst ist Lopez Bautista nicht allein. Auf den fruchtbaren Feldern des Coachella-Tals arbeiten zehntausende Menschen ohne gültige Aufenthaltspapiere. Nach Trumps neuen Vorschriften kann jeder von ihnen festgenommen und abgeschoben werden – ganz unabhängig davon, ob etwa Vorstrafen bestehen oder ob es sich um völlig unbescholtene Immigranten handelt.

Es gehe um die nationale Sicherheit, begründet Trump sein Vorgehen gegen die Einwanderer. Statistiken jedoch zeigen, dass die Kriminalitätsrate unter den Immigranten geringer ist als unter den im Land geborenen Bürgern. *(232 Wörter)*

Jocelyn Zablit/AFP: Wie Einwanderer in den USA jetzt in ständiger Angst vor der Ausweisung leben, 01. 03. 2017, https://www.stern.de/politik/ausland/usa--wie-mexikaner-jetzt-in-staendiger-angst-vor-der-ausweisung-leben-7347966.html

3.1 Translate the text excerpt (Text II) without the title freely into German. Remember to translate as closely as possible and as freely as necessary. (15)

3.2 Summarize the text (Text III) in English in not more than 160 words. One point (BE) will be deducted for every 10 words that you are over the word limit. Please count your words in groups of 10. (10)

PRODUKTION

4 Discuss the idea to release shade balls in the Los Angeles Reservoir. Also consider the overall effect of those balls on the environment.

Write 270–330 words.

Please count your words in groups of 50. (25)

Hinweis:

Wird die vorgegebene Wortanzahl unterschritten, werden je 15 Wörter Unterschreitung zwei BE von der Gesamtsumme abgezogen.
Wird die vorgegebene Wortanzahl überschritten, wird je 15 Wörter Überschreitung eine BE von der Gesamtsumme abgezogen.
(Beispiel: 270 – 330 Wörter führen zu keinem Abzug, bei weniger als 270 Wörtern werden zwei BE abgezogen, bei weniger als 255 werden vier BE abgezogen … bei mehr als 330 Wörtern wird eine BE abgezogen, bei mehr als 345 Wörtern werden zwei BE abgezogen …)

Lösungsvorschläge zu Vorschlag A

HÖRVERSTEHEN

Transkript **Microplastics**

Carla Holmes (Host): Welcome to Diving Deeper! I'm your host today, Carla Holmes. Today, we'll talk about plastic pollution and, in particular, microplastics and their effects on the ocean and Great Lakes environments, especially the aquatic life there. Joining us today is Luke Stewart. Luke is the Chief Scientist with the Marine Environmental Program.
Hi Luke – welcome back to our show!

Luke Stewart: Thanks Carla, it's nice to be back.

Carla Holmes: We know that plastic is everywhere and a lot of it ends up in the ocean. The really sad thing about this is that marine animals are eating plastic, because they mistake floating plastic garbage for food. They then get sick and die a very painful death. The other tragic consequence is that they often get caught in plastic, which leaves them seriously injured or can also lead to their death.

Luke Stewart: It is really a tragedy, I have seen it myself – we have to do something about it.

Carla Holmes: I absolutely agree! But this rather obvious and visible plastic pollution is not our only topic this time. We also want to focus on something that might be even more dangerous, because it is almost invisible: microplastics. Could you explain? Just how small are we talking about?

Luke Stewart: Right, so microplastics are defined as plastic particles that are less than five millimetres in their longest dimension.

Carla Holmes: That means you can hardly see these small pieces!

Luke Stewart: Indeed, and that's a big part of the problem.

Carla Holmes: We have learned a lot about plastic pollution in the oceans from items such as plastic bags, beverage bottles and cans, straws, forks and knives, plastic plates, food wrappers and containers. So, are microplastics a totally different issue?

Luke Stewart: Yes and no. Microplastics can come from a variety of sources, for example larger plastic pieces like the ones you have just mentioned that have broken apart. People are probably more familiar with these than with microplastics.
And in addition, there are little plastic pellets which are actually manufactured to be that small and are used in the plastics and manufacturing process.

Carla Holmes: So these very small pellets or pieces are actually melted down to create plastic products?

Luke Stewart: Exactly. And the third group are the so-called microbeads, which are small, manufactured plastic beads or pearls used in health and beauty products.

Carla Holmes: So, these very tiny plastic particles that are used in cosmetics and personal care products are dangerous when we use them?

Luke Stewart: Not immediately when we use them. But these tiny pieces of plastic are designed to go down the drain and into our lakes, rivers and oceans – by the billions every day. They absorb toxins in the water, are eaten by marine life and can make their way up the food chain all the way to our dinner plates.

Carla Holmes: Luke, how do these end up in our marine environment? Wouldn't they be removed during wastewater treatment?

Luke Stewart: One would think that, right? So, what's happening is that the size of filters that are used at wastewater treatment plants are actually too large to capture things like microbeads, so what happens is that they end up in the water from these wastewater treatment plants and later can enter the environment that way.

Carla Holmes: What do microplastics do to aquatic life?

Luke Stewart: When eaten, these small particles can actually damage internal organs of the animals, particularly if the animal has eaten a number of these particles. When they have eaten large amounts of particles, they can then collect in the stomach, obviously, and what happens is oftentimes the animal gets a sense of feeling full because there's a lot of material in its stomach, but the problem is that this material has no nutritional value and so the animal feels full, stops eating, is not deriving any nutrition from the plastic particles and there's the potential for the animal to suffer malnutrition, starvation or even death.

Carla Holmes: Can plastics ever degrade on their own in the environment?

Luke Stewart: They never completely biodegrade.

Carla Holmes: Luke, with everything you've explained to us so far, I'm sure our listeners are wondering right now what they can do to help stop or combat this problem in some way.

Luke Stewart: It's really important for the audience to understand, a lot of times we feel like, well, I'm just one person and what can I do. But it really is important because you can teach others and you can learn from others all the time. There are some very little minor changes you can make in your daily life, your daily routine to address this flow of plastic into the environment.

Carla Holmes: Can you give some examples for our daily living?

Luke Stewart: Of course! We promote the strategy of "Reduce, Reuse, Recycle" – so the three "R's." 'Reduce' would mean when you're out shopping choose products that have the least amount of plastic packaging. You can also reduce by perhaps, when you get take-out, not getting the plastic utensils that are put in your bag and not using the plastic bag that's often provided. Make sure you have cloth bags in your car and you take them with you when you go to the grocery store.

Carla Holmes: I don't think that is too difficult to put into practice for anybody.

Luke Stewart: And then we talk about 'Reuse'. When it's possible, reuse plastic containers and goods.
Something that is definitely not new but nevertheless still very important: 'Recycle'. So, just being aware of what can and cannot go into your different recycle bins.

Carla Holmes: Did you have any final, closing words to leave our listeners with today?

Luke Stewart: Well, I'd like to encourage our listeners to just check out our program's website (www.marinedebris.noaa.gov) to learn more about what our program does and especially what we've accomplished over the past decade. And I will stress the three R's again – and know that you can make a difference because all those actions add up.

Carla Holmes: Thanks, Luke, for joining us today on Diving Deeper. For our listeners, we have more information available for you in our show notes. Thanks for tuning in – that's all for today's show!

eigene Zusammenstellung nach: https://oceanservice.noaa.gov/podcast/june16/dd66-microplastics.html (abgerufen am 23. 02. 2017)

1 **TIPP**

- **Zu a:** Hier sollen die Gefahren für Meerestiere herausgearbeitet werden.
  - "The really sad thing about this is that marine animals are eating plastic, because they mistake floating plastic garbage for food." (Z. 9/10) Der zweite Teil ist die Begründung für die erste Aussage. Da die Aspekte zusammengehören, können sie in Ihrer Lösung nur mit einer BE bewertet werden.
  - "They then get sick and die a very painful death." (Z. 10/11) Die Tiere erkranken durch den Verzehr von Plastik und sterben einen qualvollen Tod.
  - "… The other tragic consequence is that they often get caught in plastic, which leaves them seriously injured or can also lead to their death." (Z. 11/12) Durch Hängenbleiben in Plastikteilen verletzten sich die Meerestiere und sterben.
- **Zu b:** Geben Sie die genaue Größe von Mikroplastik an: "… so microplastics are defined as plastic particles that are less than five millimeters in their longest dimension" (Z. 19/20). Von Bedeutung ist die Spezifizierung „less than five millimetres", also dass die Partikel weniger als 5 mm messen. Wird „less" weggelassen, kann dies zu Abzügen führen.
- **Zu c:** Hier sollen Gegenstände aufgelistet werden, die die Meere verschmutzen. Plastikbeutel sind bereits in der Aufgabenstellung genannt, dürfen daher nicht aufgelistet werden. Der Verweis auf Plastiktüten ist dennoch hilfreich, da die anderen Dinge, die das Meer verschmutzen, im Text direkt im Anschluss an das Wort „plastic bags" aufgeführt werden. Drei Aspekte reichen aus. Sollten mehr Aspekte genannt werden, werden nur die ersten drei bewertet. Die Lösung finden Sie in Zeile 23–25.
- **Zu d:** Listen Sie Quellen von Mikroplastik auf. (vgl. Z. 26–34) Statt „little plastic pellets" können Sie auch „manufacturing process" schreiben, da dort die Mikroplastikteile entstehen. Statt „microbeads" sind auch die Lösungen „health and beauty products" oder „cosmetics" möglich.

- **Zu e:** In dieser Aufgabe sollen Gründe dafür, dass Mikrokügelchen als gefährlich eingestuft werden, genannt werden. Sie sollten hier nicht nur einzelne Wörter, sondern ganze und vor allem sinnvolle Formulierungen verwenden (vgl. Z. 37–57).
- **Zu f:** An dieser Stelle sollen Gründe aufgezeigt werden, warum Meerestiere oft an Unterernährung und Hunger sterben: "… and what happens is oftentimes the animal gets a sense of feeling full because there's a lot of material in its stomach, but the problem is that this material has no nutritional value and so the animal feels full, stops eating, …" (Z. 51–53)
  Plastikteilchen sammeln sich in den Mägen der Tiere an, weshalb diese sich vollgefressen fühlen und aufhören Nahrung aufzunehmen. In der Prüfung sollten diese Aspekte zusammen genannt werden, da sonst nur eine halbe BE vergeben werden kann. Alternativ können Sie aufzeigen, dass das verschluckte Plastik keine Nährwerte hat.
- **Zu g:** Hier sollen Beispiele aufgezeigt werden, wie man Plastik reduzieren kann. Recycling passt hier nicht als Lösungsmöglichkeit.
  "'Reduce' would mean when you're out shopping choose products that have the least amount of plastic packaging. You can also reduce by perhaps, when you get take-out, not getting the plastic utensils that are put in your bag and not using the plastic bag that's often provided. Make sure you have cloth bags in your car and you take them with you when you go to the grocery store." (Z. 68–72)
  "When it's possible, reuse plastic containers and goods." (Z. 74/75)

a	Dangers for sea animals caused by plastic *Name two.*	• **eat plastic because they mistake plastic for food** • get sick and die a painful death • are seriously injured or die when they **get caught in plastic**
b	Size of microplastics	• less than five millimeters (in their longest dimension) / **less than 5 millimetres long**
c	Things polluting the oceans apart from plastic bags *Name three.*	• **bottles** • **cans** • **straws** • forks • knives • plastic plates • food wrappers • containers
d	Sources of microplastics *Name three.*	• **large pieces of plastic** (which have broken apart) • **little plastic pellets** (used in the plastics and manufacturing process)

		• **microbeads** (used in health and beauty products / cosmetics and personal care products)
e	Reasons why microbeads are dangerous *Name three.*	• **go down the drain and into lakes, rivers and oceans** • **absorb toxins in the water** • **are eaten by marine life** • make their way up the food chain / end up in our food • cannot be filtered in wastewater treatment plants as filters are too large • not biodegradable
f	Reason why marine animals often die from malnutrition or starvation	• **the animals feel full and stop eating** • the material has no nutritional value
g	Examples that are mentioned as to how to reduce plastic *Name two.*	• **choose products that have the least amount of plastic packaging** • **do not get the plastic utensils or plastic bags when you buy take-out food** • use cloth bags for shopping for groceries • reuse plastic containers and goods

LESEVERSTEHEN

2 **TIPP**

- **Zu a:** "… but a loophole in the law means officials cannot interfere in religious marriages." (Z. 1/2); "Under German law, religious marriages are not legally recognized, and therefore cannot be penalized, …" (Z. 2/3)
- **Zu b:** "… because they have to do household chores for their mothers-in-law or even move abroad." (Z. 6/7)
- **Zu c:** Hier muss genau gelesen und gerechnet werden. Im Text steht: "A staggering 3,443 young girls – approximately a third under the age of 18 – visited a counselling centre in Germany for help". (Z. 12/13) Gefragt ist nur nach den Mädchen unter 18 Jahre, also 1/3 der insgesamt 3 443 Mädchen. Es reicht nicht aus, wenn man nur 1/3 schreibt, denn es ist die Anzahl verlangt. Eine ungefähre Angabe reicht aber.
- **Zu d:** "Many parents believe that marriage with often much older men will protect their daughters financially and physically, protect them against rape and secure their honour. Very often a dowry is also paid, they say." (Z. 15–17) Das Wort „dowry" müssen Sie vermutlich im Wörterbuch nachschlagen, wogegen alle anderen Aspekte gut verständlich sind.

- **Zu e:** "After the death of her mother, her father introduced a tough regime and suddenly announced his daughter, at the age of 15, would have to marry …" (Z. 25/26)
- **Zu f:** "… would have to marry a friend of her uncle's, an Iraqi in his mid 30s. The 36-year-old oil worker …" (Z. 26/27); An dieser Stelle sind viele Informationen in wenigen Zeilen zusammengefasst, drei Aspekte reichen aus.
- **Zu g:** "And I'm always afraid that someone from my family sees me. I knew that I could either flee or die." (Z. 30/31)

a	Erklärungen, warum die Behörden/Richter nicht in religiöse Eheschließungen eingreifen können *Nennen Sie zwei.*	• **Schlupfloch im Gesetz/Gesetzeslücke** • **Da religiöse Eheschließungen nicht anerkannt werden, kann man sie nicht verhindern.**
b	Gründe, warum minderjährige verheiratete Mädchen nicht die Schule besuchen *Nennen Sie zwei.*	• **müssen im Haushalt der Schwiegermutter arbeiten** • **ziehen ins Ausland**
c	Ungefähre Anzahl der minderjährigen Mädchen, die wegen Zwangsheirat eine Beratungsstelle in Deutschland aufgesucht haben	• **ca. 1 100**
d	Gründe, warum Eltern ihre Töchter häufig mit älteren Männern verheiraten *Nennen Sie vier.*	• **finanzieller Schutz** • **körperlicher Schutz** • **Schutz vor Vergewaltigung** • **Sicherung der Ehre** • oft Mitgift/Brautgeld
e	Verhalten von Nesrins Vater nach dem Tod ihrer Mutter *Nennen Sie zwei Aspekte.*	• **Vater führte ein strenges Regime / wurde sehr streng** • **kündigte an, Nesrin mit 15 verheiraten zu wollen**
f	Informationen über den Mann, den Nesrin heiraten soll *Nennen Sie drei.*	• **Freund des Onkels** • **aus dem Irak** • **Mitte 30**/36 Jahre alt • Ölarbeiter
g	Grund, warum Nesrin nicht zur Schule geht	**Angst, von ihrer Familie gesehen zu werden /** Angst um ihr Leben

MEDIATION

3.1 **TIPP**

- *clothing industry:* „Bekleidungsbranche"
- *employing:* Im Deutschen kann auch ein Relativsatz verwendet werden: „welche ein Sechstel der Weltbevölkerung beschäftigt".
- *consumer research:* „Die Verbraucherforschung", „die Konsumentenforschung" und „die Konsumforschung" wären alternative Übersetzungsmöglichkeiten.
- *enormous unprecedented surge in comsumer concern:* Für „enormous" gibt es viele Übersetzungsmöglichkeiten (etwa „erheblich", „gewaltig", „riesig", „enorm", „groß"). Für „unprecedented" wäre auch „beispiellos" oder „ohnegleichen" möglich. Für „surge" können Sie auch „Welle" oder „Zunahme" nehmen. Eine Alternative für „concern" wäre auch „Besorgnis" oder „Bedenken".
- *fairly traded goods:* „fair gehandelte Güter/Produkte"
- *will exceed:* Hier sollten Sie unbedingt auf die korrekte Zeitform achten („will" = Futur = „wird übersteigen").
- *a recent consumer poll:* Alternative Übersetzungen können sein: „eine jüngste/neuste Verbraucherumfrage/Verbraucherbefragung/Konsumentenbefragung".
- *people questioned:* Alternativ könnten Sie auch „Leute/Menschen, die befragt wurden" oder „die befragten Personen" schreiben.
- *sweatshops:* Ausbeutungsbetriebe
  Das Wort „sweatshop" muss übersetzt werden, da es als Begriff noch nicht im Duden steht.
- *retailing:* Kann auch mit „der Handel" übersetzt werden.
- *consumer opinions:* kann auch mit „Meinungen von Verbrauchern/Kunden" übersetzt werden.
- *has been defined:* Die Zeitform des „Present Perfect Progressive" muss beachtet werden. Die Handlung beginnt in der Vergangenheit und dauert noch an: „wurde definiert" oder „ist definiert worden" sind an dieser Stelle korrekt.

Die Bekleidungsindustrie ist die dritt- oder viertgrößte Industrie der Welt und beschäftigt ein Sechstel der Weltbevölkerung. (2)
Die Verbraucherforschung zeigt, dass es einen enormen, nie da gewesenen Anstieg des Interesses der Verbraucher*innen daran gibt, wer die Kleidung herstellt, wie die Arbeiter*innen behandelt werden und wie sich der Herstellungsprozess auf die Umwelt auswirkt. (3)
Diese Besorgnis ist so weit angewachsen, dass die Nachfrage nach fair gehandelten Produkten in einigen Gebieten bald das Angebot übersteigen wird. (2)

Eine kürzlich durchgeführte Verbraucherumfrage zeigte, dass 90 Prozent der Befragten keine Waren wollen, die durch Kinderarbeit hergestellt wurden, 85 Prozent keine Waren, die aus Ausbeuterbetrieben kommen, 50 Prozent keine Waren, die die Umwelt schädigen. (3)
Der Einzelhandel nimmt alle Kundenmeinungen, die bei Meinungsumfragen über 30 Prozent liegen, sehr ernst. (2)
Marketing wurde so definiert, dass man den Menschen gibt, was sie wollen. Also muss die Industrie jetzt ethisch produzieren. Früher hat sie nur wirtschaftliche Interessen berücksichtigt. (3)

3.2 **TIPP**

- **Einleitung:** *Umbrella sentence* mit allgemeiner Information zum Inhalt, z. B. Name des Autors oder der Autorin, Name der Quelle, Veröffentlichungsdatum und Hauptthema des Textes. Stellen Sie die wesentlichen Inhalte des Textes dar, hier also zum Beispiel:
  - arguments in favour of vegan lifestyle
  - many vegans opposed to killing of animals
- **Hauptteil:** Gründe, warum Veganer*innen den Konsum von tierischen Produkten ablehnen
  - suffering and killing of animals at young age (factory farms, unsuitable living conditions)
  - vegans refuse all animal products, not only meat (e. g. chicks used for egg production kept in bad conditions; male chicks killed immediately as do not lay eggs and cannot be used for meat production)
  - climate harmed due to greenhouse gases released by animal farms
  - deforestation because of need to grow more food for livestock
  - excessive use of water and contamination of ground water
- **Schlusssatz**: vegan lifestyle can increase protection of climate and environment

The text "Gute Gründe für ein veganes Leben" published on www.vebu.de in 2018 describes why more and more people are pursuing a vegan lifestyle. **Introduction** / umbrella sentence

In general, many vegans are opposed to the killing of animals. Livestock is slaughtered at a young age and raised in unsuitable living conditions. Additionally, vegans object to all animal products, not only meat. One reason for this is that male chicks are killed because they are not able to lay eggs and cannot be used in the meat industry. **Main part**

Our climate is harmed due to the huge amount of greenhouse gases which are released by animal farms. So, the more meat is consumed, the larger is the increase in greenhouse gases. Deforestation in the Amazon is also occurring because of the need to grow more food for livestock. Furthermore, negative consequences of factory farming are the excessive use of water and the contamination of ground water.

It can therefore be concluded that a vegan lifestyle can increase the protection of the climate and the environment. **Conclusion**

PRODUKTION

4 **TIPP**

Der Cartoon soll erst beschrieben und dann analysiert werden. Anschließend müssen Sie persönlich Stellung dazu beziehen.

Description:

- The cartoon shows a goalkeeper who is wearing a shirt saying “Europe”.
- He is desperately trying to keep out the “balls” (skulls) flying towards him. He has a look of despair on his face.
- On the last skull that is still in mid-air it says “migrants”.
- The goal is already filled with skulls.

Analysis:

- explanation of symbols (**goal** = Europe, **goalkeeper** = European people or possibly governments that are trying to stop immigrants from entering Europe, **skulls** = immigrants, many of whom die during their journey to Europe)
- Message: The cartoonist is criticising Europe/European countries/ European governments for refusing to let refugees in/closing borders although it is apparent that for many this will mean death. The European Union has a complex system for deterring unwanted migrants. More and more European countries are refusing to let any refugees in. After the war in Syria in 2015, a large number of immigrants came to Europe, which has led to increased border control. Many people drown in the sea or suffer and die in refugee camps as Europe sends back ships or refuses to allow refugees to enter European territory.

Comment:

- own opinion with reasons for it
- useful phrase: I think/do not think the cartoonist is successful in criticising the problem of refugees entering Europe … *(sinnvolle Begründung angeben!)* My personal opinion on the topic is …
- Possible points to be discussed:
  Possible problems of immigration:
  - overwhelming wave of immigration in 2015 (people worry about how this huge influx can be handled)
  - people’s fear that criminals and terrorists are arriving along with the peaceful asylum seekers

- rise of right-wing political parties all over Europe
- unfair distribution of refugees among European countries because of some countries' refusal to accept refugees

Refugees' situation:

- reasons for fleeing their country (e. g. war, oppression, discrimination, wish for a better life)
- Many refugees die during the dangerous journey.

Description / introductory sentence

The cartoon drawn by Margulies and published on www.cartoonmovement.com in 2018 shows a goalkeeper who is wearing a shirt saying "Europe". He is desperately trying to keep out the "balls" (skulls) flying towards him. The goal is already filled with skulls. The goalkeeper has a look of despair on his face. On the last skull, which is still mid-air it says "migrants".

Analysis symbols

The goal is a symbol of Europe and the goalkeeper symbolises the European governments that are attempting to stop immigrants who are trying to enter Europe for a better life. Many die during their journey to Europe.

message

The cartoonist is criticizing the European Union for closing its borders although for many this will mean death. Due to increased border control, many people drown in the sea or suffer and die in refugee camps.

Comment possible problems of immigration

Although I think the cartoonist is successful in criticizing the problem, there are also other factors to be considered. Since the overwhelming wave of immigration to Europe in 2015, many people have helped immigrants to adapt to their new life. However, there is also great worry concerning how this huge influx can be handled. Some even fear that criminals and terrorists are arriving along with the peaceful asylum seekers. That has led to a rise of right-wing political parties all over Europe. One also has to consider that there is an unfair distribution of refugees among European countries because of some countries' refusal to accept refugees.

refugees' situation

In spite of these problems, we should never forget why people try to come to Europe. Many have seen war, oppression and discrimination, and leave their countries in order to have a better life. They take into account that they might die during the dangerous journey.

Conclusion

As a possible solution, the European Union should work together with other countries in order to help migrants to have better lives in their home countries. *(316 words)*

Lösungsvorschläge zu Vorschlag B

HÖRVERSTEHEN

1 *Für Hörverstehensaufgabe vergleiche Vorschlag A*

LESEVERSTEHEN

2 **TIPP**

- **Zu a:** "The plastic balls […] are an attempt to cope with California's severe drought." (Z. 1/2)
- **Zu b:** "The Los Angeles Department of Water and Power released 96 million black shade balls into the Los Angeles Reservoir…" (Z. 3/4) oder "… bringing the total count to 96 million …" (Z. 9)
- **Zu c:** "… to reduce evaporation and deter algae growth." (Z. 4); "The city says the balls will shade and cool the water, reducing evaporation from the reservoir and making it less susceptible to algae, bacterial growth, and chemical reactions that can produce harmful substances." (Z. 11–13); "The balls also inhibit microorganism growth, reducing the treatment the water must undergo through other means. That could save the city $ 250 million over time, said Garcetti." (Z. 21–23)
- **Zu d:** "The balls cost 36 cents each, for a total of $ 34.5 million." (Z. 17)
- **Zu e:** "… with the result that shade balls reduce evaporation by 85 to 90 percent." (Z. 18) und "That should equate to saving nearly 300 million gallons a year, enough to provide drinking water for 8,100 people." (Z. 19/20)
- **Zu f:** "The manufacturers […] say the balls should last about 25 years." (Z. 25/26)
- **Zu g:** "Made of black polyethylene, shade balls are filled with water so they don't blow away." (Z. 24) und "A coating resists ultraviolet light and degradation." (Z. 25)
- **Zu h:** "… in addition to restrictions on irrigation and other measures." (Z. 37)

a	Anlass für das Einbringen von sogenannten „shade balls“ in den Wasserspeicher in Los Angeles	ernsthafte/schlimme/**massive Dürre in Kalifornien**
b	Anzahl der „shade balls“ im Wasserspeicher insgesamt	**96 Millionen**

c	Wirkung der „shade balls“ auf das Wasser und finanzieller Nutzen *Nennen Sie fünf.*	• **kühlen das Wasser** • **verschatten das Wasser** • **weniger Wasser aus dem Speicher verdunstet** • **verringern die Anfälligkeit (des Wassers) für Algen** • **verringern Bakterienwachstum** • weniger chemische Reaktionen, bei denen schädliche Substanzen entstehen • verringertes Wachstum von Mikroorganismen bedeutet, dass das Wasser weniger stark behandelt werden muss • **dadurch spart die Stadt 250 Millionen Dollar**
d	Geldbetrag, der in die „shade balls“ investiert wurde	**34,5 Millionen Dollar**
e	Auswirkung der Bälle auf die Verdunstung des Wassers in Zahlen	• **Reduzierung der Verdunstung um 85 bis 90 Prozent** • 300 Millionen Gallonen pro Jahr
f	Voraussichtliche Haltbarkeit der Bälle	**25 Jahre**
g	Was die Haltbarkeit und Funktion der Bälle garantiert *Beschreiben Sie zwei Aspekte.*	• **Bälle sind mit Wasser gefüllt, sodass sie nicht wegfliegen können** • **Beschichtung ist resistent gegen ultraviolettes Licht und verhindert Zersetzung**
h	Eine weitere Maßnahme zum Einsparen von Wasser in Los Angeles	**Einschränkungen bei der Bewässerung**

3.1 **TIPP**

- *require too much effort:* zu viel Mühe machen
- *are becoming more common:* „to become" bedeutet „werden", niemals „bekommen"! Alternative Übersetzung können sein: „werden geläufiger/üblicher", „kommen immer häufiger vor".
- *are kept:* Hier müssen Sie die richtige Zeitform beachten und dürfen „keep" nicht mit „aufbewahren" übersetzen, denn es handelt sich um Tiere, nicht um Gegenstände.
- *dilapidated clothes factories:* Alternativen können sein: „marode/verfallene/heruntergekommene" und „Kleidungsfabriken"
- *are collapsing:* brechen zusammen
- *facts:* Fakten
- *as a result:* als Ergebnis/folglich/deshalb/dadurch
- *ethical behaviour:* ethisches Verhalten
- *various:* verschiedene/unterschiedliche
- *to act ethically:* ethisch zu handeln
- *have already adapted to the trend:* haben sich bereits an den Trend angepasst
- *services:* Im Wörterbuch steht als Übersetzungsalternative „der Service", die Pluralform muss allerdings mit „Dienstleistungen" übersetzt werden.
- *is easy to implement:* einfach umzusetzen ist
- *Yet:* alternative Übersetzungen können sein: „allerdings/nichtsdestotrotz"
- *But this is equally true of:* Aber dies gilt genauso für
- *inner values:* eigenen Werte

Nachhaltigkeit ist ein wichtiges Thema – solange es nicht zu viel Mühe bereitet (2)

Lebensmittelskandale werden immer häufiger, Tiere werden unter schockierenden Bedingungen gehalten, baufällige Kleiderfabriken in der Dritten Welt stürzen ein. Es ist unmöglich geworden, diese Tatsachen zu ignorieren. (3)

Daher sind ethische Verhaltensweisen und ethischer Konsum zum Trend geworden. (1)

Dieser Trend beeinflusst zahlreiche Entscheidungen, (so) wie zum Beispiel die Urlaubsplanung, die Lebensmittel- und Kleidungswahl und wie man Menschen und Tiere behandelt. (2)

Jedoch führt dies zu der Frage, ob es moralisch ist, sich ethisch korrekt zu verhalten, nur weil es gerade „in" ist. (1)

Viele Firmen haben sich dem Trend bereits angepasst und bieten jetzt entsprechende Produkte und Dienstleistungen an. (2)

Dennoch ist es bemerkenswert, dass Firmen oft nur dann Gutes tun, wenn es leicht umgesetzt werden kann. (1)

Dies betrifft allerdings genauso unseren eigenen Konsum. Oft genug erwischen wir uns dabei, dass wir entgegen unserer inneren Überzeugung handeln, weil die Alternative einfacher oder billiger ist. (3)

3.2 **TIPP**

- **Einleitung:** *Umbrella sentence* mit allgemeiner Information zum Inhalt, z. B. Name des Autors oder der Autorin, Name der Quelle, Veröffentlichungsdatum und Hauptthema des Textes. Stellen Sie die wesentlichen Inhalte des Textes dar, hier also zum Beispiel:
  - New regulations introduced by Trump's government.
  - Illegal immigrants fear being arrested and deported.
- **Hauptteil:** Gefühle/Situation der Einwanderer und Einwanderinnen
  - Emilio Lopez Bautista came to America with his wife and children 30 years ago.
  - He works in the fields in California.
  - Since Donald Trump passed new regulations, he and tens of thousands of workers in California live in constant fear that they or a member of their family could be deported at any time.
  - Trump argues that it is a matter of national security.
  - Undocumented immigrants can be deported even if they have never committed a crime.
  - Crime rates are lower among immigrants.

Introduction / umbrella sentence

The report "Wie Einwanderer in den USA jetzt in ständiger Angst vor Ausweisung leben" published on www.stern.de in 2018 deals with the consequences of Trump's new regulations for illegal immigrants in the US, who live in persistent fear of being arrested and deported.

Main part

Many illegal immigrants live an orderly and stable life in the US. Lopez Bautista crossed the border illegally 30 years ago with his wife and his six children. Although he leads a well-ordered life, he and his family now live in constant fear of being deported.

According to Trump's new regulations, all undocumented immigrants can be arrested and deported whether they have a criminal record or not. Despite statistics showing a lower crime rate among immigrants than among American citizens, Trump pretends that the regulations are essential as a matter of national security. *(138 words)*

4 **TIPP**

Discuss heißt, eine These oder Problemstellung unter Abwägen von Pro- und Kontra-Argumenten hinterfragen und zu einem eigenen Urteil gelangen. Es muss also ganz klar eine „on the one hand – on the other hand"-Struktur enthalten sein.

Im Folgenden finden Sie mögliche Aspekte, die Sie in Ihrer Erörterung berücksichtigen können:

Einleitung/Introductory sentence:
- Explain the idea of shade balls in the LA Reservoir.
- Ask about overall effect of those balls on the environment.

Hauptteil:
- **Pros**
  - Global warming and rising temperatures have increased water scarcity.
  - More and more water simply evaporates due to the heat and the shade balls reduce evaporation.
  - Shade balls are cheap/not too expensive and they save a lot of money.
  - They are easy to handle.
- **Cons**
  - Shade balls are made of plastic (oil is a finite resource, extraction alone is very harmful to the planet).
  - Their production uses a lot of water.
  - Once the balls are worn out, they have to be disposed of again (not certain how long they will last).
  - Animals might eat the plastic and die (also: microplastics).

Schlussteil/Conclusion (mögliche weiterführende Aspekte):
- L.A. has to find a way to save water.
- The industry and households are in need of an adequate water supply.
- Products contain what is called "virtual" water, which adds to the current water crisis.
- personal opinion

Introduction

Droughts and water scarcity in L.A. have led to the unconventional idea of using plastic balls in order to save water and protect water quality. This step leads to advantages and disadvantages when facing the challenge of protecting the environment.

Pros
global warming, shade balls reduce evaporation

On the one hand, water scarcity has increased due to global warming and rising temperatures. That leads to more water evaporation due to the heat. Shade balls help to reduce evaporation and save water.

low costs and presumably very durable

Shade balls are easy to handle and come at relatively low cost. They are put into water once and then work on their own by providing shade for – it is presumed – more than 25 years. That will reduce the costs of treating water.

On the other hand, shade balls are made of plastic. Oil is a finite resource and the extraction alone is very harmful to the planet. As a result, the problem is displaced by causing environmental pollution in a different area.

Cons
plastic is made of oil = finite resource; extraction = harmful

Furthermore, once the balls are worn out, they have to be disposed of again. It is not certain how long they will really last. Animals might eat the plastic and die as a result of plastic parts or microplastics. A different material that is biodegradable might be better for the water and the animals.

will have to be disposed of in the future

might kill animals, microplastics

To sum up, the reduction in evaporation, low costs and the easy handling are advantages of shade balls, while the plastic itself and its consequences for animals are disadvantages of using shade balls. However, it is inevitable that L.A. will have to find a way to save water because the industry and households are in need of an adequate water supply. So, shade balls are a first step towards finding a long-lasting and sustainable solution to a global problem, as living without water is impossible for all species. *(301 words)*

Conclusion
reduction of evaporation is inevitable

Hessen Englisch ▪ Abschlussprüfung Fachoberschule 2020
Vorschlag A

HÖRVERSTEHEN

1 Listen to the audio file and complete the table with the relevant information in English based on the information you hear. (15)

a	Positive aspect of the development in the tourism industry		(1)
b	Problematic aspects of (mass) tourism *Name four.*		(4)
c	Tips for planning an eco-friendly trip *Name four.*		(4)
d	Features that characterize a sustainable hotel *Name three.*		(3)
e	Characteristics of an eco-conscious behavior on vacation *Name three.*		(3)

LESEVERSTEHEN

Text I This Swedish Mall Is the World's First Ever Secondhand Shopping Center

Sweden has long had a reputation for sustainability. More than 99 percent of ordinary household waste in the country is recycled. Separating trash and depositing it in shared containers in apartment blocks or dropping it off at recycling stations has been part of most Swedes' weekly routines since the 1980s. More recently, there's been a boom in demand for organic products and a reappearance in urban city gardening. The country has passed legislation forcing it to become a net zero greenhouse gas emitter by 2045.

But in today's "make, take and trash" era, the Nordic nation still faces the same battle with mass consumption as everywhere else. A recent report suggested that if the whole world consumed in the same way as Swedes, we'd need 4.2 planets instead of one.

The ReUsa shopping mall is designed to help tackle rising consumption on a local level. It is the first mall in the world with a focus on sustainable shopping. The goal is to enhance the experience of shopping for secondhand goods by collecting stores under one roof. Almost all the items on sale are from public donations, dropped off by locals at the mall's drive-thru depot.

The mall has also played a role in generating employment for immigrants seeking their first taste of the Swedish labor market. Many of the stores use a national program which subsidizes the salaries of newly settled residents for up to two years. It also offers adult education courses focused on design-based recycling. It had sales of 2.5 million Swedish krona in 2015 (about $ 275,000) the year it opened, rising to 10.2 million Swedish Krona ($ 1.12 million) in 2017.

"We're saving the environment, we're making job opportunities and we're offering products to those with a low or mid-low income. … I feel like it's a win-win situation," says Amjad Al Chamaa, 34, a Syrian who manages a shop that sells restored electronics and offers repair services.

Although ReUsa is the first mall of its kind, it is part of a global comeback designed to encourage consumers to stop feeling the need to buy everything new and to donate items that they no longer need.

But there are ongoing debates about the long-term effectiveness of these kinds of schemes as against profit-driven mass production.

"When it comes to the secondhand stores, way too little ends up there because what is produced today is often of such low quality that no one wants to sell it in a secondhand store" says Rosanna Endre from Greenpeace Sweden.

Endre says there need to be stronger political and industry-level efforts to ensure that businesses make products that are easier to repair or reuse.

In the meantime, such projects are picking up pace, largely because the public seems to enjoy the experience of visiting them. The Swedish mall is about to build a new storage area, freeing up space for even more shops to move in. *(496 Wörter)*

eigene Zusammenstellung nach https://www.huffingtonpost.co.uk/entry/recycled-mall-sweden-retuna_n_5bfd0762e4b0eb6d931346b3

2 Please read the text (Text I) and complete the table with the relevant information in German. (15)

a	Merkmale für Schwedens Ruf für Nachhaltigkeit und Umweltbewusstsein *Nennen Sie vier.*		(4)
b	Problem, das in Schweden dennoch besteht		(1)
c	Einzigartigkeit von ReUsa		(1)
d	Herkunft der meisten Waren von ReUsa		(1)
e	Vorteile von ReUsa für die Bürger *Nennen Sie vier.*		(4)
f	Kritikpunkt am System von ReUsa		(1)
g	Anregung zur Verbesserung		(2)
h	Zukunftsplan von ReUsa		(1)

MEDIATION

Text II Migrants

We are now witnessing the highest levels of movement on record. About 258 million people were living outside their country of birth in 2018. It is doubtless that the mass movement of people is the biggest event of our time. How do we define the different types of migrants, how many are there and is the current crisis really an unprecedented problem?

When it comes to migrants, definitions are complicated. Some presume a migrant is seeking a better life. But if that person is leaving the poverty and starvation of a dried-up farm in the Sahel zone in order to survive, are they a migrant or a refugee?

The International Organization for Migration therefore defines a migrant as any person who is moving or has moved across an international border or within a state. This is regardless of legal status, or whether the movement is voluntary or involuntary, what the causes for the movement are, and what the length of the stay is. *(162 Wörter)*

eigene Zusammenstellung nach https://www.theguardian.com/news/2018/sep/10/migration-how-many-people-are-on-the-move-around-the-world

Text III Essen ist politisch

[…] Wir sind es gewohnt, Fleisch zu essen. Das ist eine lang gepflegte Kultur. Fleisch ist verführerisch billig und überall verfügbar. Das Problem ist nur, dass unser Fleischkonsum nicht zukunftsfähig ist: Die Tiere leiden, und die Produktion verschlingt Unmengen Ressourcen, schädigt unsere Gesundheit, das Klima und die Böden. Deshalb ist Essen heute keine Privatsache mehr – Essen ist politisch. Ich als Ernährungsethiker wünschte mir, dass die Menschen den Weg zur fleischlosen oder zumindest fleischarmen Ernährung aus freien Stücken gehen. Andernfalls könnte eine Fleischsteuer unvermeidlich werden. Zum Glück bietet die Pflanzenwelt viele unentdeckte Zutaten für eine kreative Küche.

[…] Wir brauchen Aufklärungskampagnen, die eine fleischlose oder fleischarme Kost attraktiv machen. Bislang essen viele Menschen viel zu viel Fleisch. Wir müssen uns nur […] klarmachen, wie viel Geld wir für ernährungsbedingte Krankheiten ausgeben. Diese Zahlen sind oft schlagender als jedes moralische Argument. Ganz ohne gesetzliche Regelungen wird es aber wohl nicht gehen: Die Politik muss zum Beispiel dafür sorgen, dass Fleisch endlich teurer wird und den wahren Preis kostet, der also Umwelt- und Gesundheitsschäden miteinschließt. Gleichzeitig brauchen wir eine Agrarpolitik, die sich an Tierwohl und Ökologie ausrichtet. Nicht zuletzt muss der Staat in Bildung investieren. Eine zeitgemäße Ernährungsbildung in Schulen wäre ein echter Fortschritt für eine nachhaltige Esskultur. […] Das Thema muss überall präsent sein – ähnlich wie beim Rauchverbot, das ja erstaunlich gut geklappt hat. […]

Wenn alle ein bisschen weniger Fleisch essen würden, wäre das ein einfacher, kleiner Schritt für jeden Einzelnen, aber ein großer für die Menschheit. *(249 Wörter)*

Harald Lemke, Essen ist politisch, http://gpn.greenpeace.de/ausgabe/0118/essen-ist-politisch/

3.1 Translate the text excerpt (Text II) without its title freely into German. Remember to translate as closely as possible and as freely as necessary. Please count your words in groups of 10. (15)

3.2 Summarize the text (Text III) in English in no more than 170 words. One point (BE) will be deducted for every 10 words that you are over the word limit. Please count your words in groups of 10. (11)

Hinweis:
Eine Überschreitung von weniger als zehn Wörtern führt zu keinem Abzug. (Beispiel: 179 Wörter führen zu keinem Abzug, ab 180 Wörtern wird eine BE abgezogen, ab 190 Wörtern werden zwei BE abgezogen.

PRODUKTION

4 Worldwide, more than 250 million people were forced to seek help abroad in 2017. Governments and societies must help them!

Discuss whether Germans have a duty to help migrants and refugees.

Write 270–330 words.

Please count your words in groups of 50. (22)

Hinweis:
Wird die vorgegebene Wortanzahl unterschritten, werden je 15 Wörter Unterschreitung zwei BE von der Gesamtsumme abgezogen.
Wird die vorgegebene Wortanzahl überschritten, wird je 15 Wörter Überschreitung eine BE von der Gesamtsumme abgezogen.
(Beispiel: 270–330 Wörter führen zu keinem Abzug, bei weniger als 270 Wörtern werden zwei BE abgezogen, bei weniger als 255 werden vier BE abgezogen … bei mehr als 330 Wörtern wird eine BE abgezogen, bei mehr als 345 Wörtern werden zwei BE abgezogen …)

Hessen Englisch ▪ Abschlussprüfung Fachoberschule 2020
Vorschlag B

HÖRVERSTEHEN

1 *Hörverstehensaufgabe vergleiche Vorschlag A*

LESEVERSTEHEN

Text I **Radicalisation of Britons**

Radicalisation is the process of causing someone to become a supporter of terrorism, or forms of extremism that lead to terrorism. The concept of radicalisation is typically closely associated with ISIS. […] ISIS is said to have up to 20,000 "fighters" across Iraq and Syria with an estimated 2,000 Britons becoming radicalised and leaving the UK in the past couple of years. This includes at least 50 girls leaving to become Jihadi brides.

As yet, there has been no clear link or exact cause identified for someone becoming radicalised. This creates the sense that 'it could happen to anyone' which, in turn, increases the fear of radicalisation. […]

What we know as of now is that the main risk factor identified in victims is vulnerability.

Those who are most vulnerable are younger people from age 13 upwards. They might be experiencing an identity or personal crisis or have feelings of unmet aspirations or a sense of injustice. They might be people with a need for adventure or excitement and the conviction that their religion or culture is under threat. Individuals who feel socially isolated and are possibly suffering from depression are also at risk. Finally, there are those who have a history of criminal behaviour.

It is thought that, for some, ISIS satisfies that need for identity and/or the sense of belonging. For others, they are taken in by the 'glory and honour' of the battle or thrill of the victory.

This vulnerability is exploited, in a similar fashion to the way sexual predators groom[1] young people online, with promises of excitement, power, glory and freedom along with more material rewards, such as cash and housing. A personal connection is formed: you can be sat at home in the UK talking directly to an individual fighter in Syria who is bragging about his military accomplishments and offering you help and encouragement to travel to join him. To someone so dissatisfied, this attention is understandably compelling.

The process of radicalisation is rarely the same for two people and can be anything from slow and gradual, to fast and effective, but the strong brand ISIS have created via social media supports the process. It's a brand that paints a seductive picture and acts as a compelling recruitment drive that inspires thousands of people to embark on a one-way journey to join their cause. In fact, it has been argued that ISIS' social media strategy could rival the biggest brands in the world with ISIS holding over 45,000 Twitter accounts. *(420 Wörter)*

https://www.flicklearning.com/blog/what-causes-radicalisation-and-how-to-spot-the-signs

1 to groom – to develop a friendship with a child, with the intention of starting a sexual relationship. This is done by adults and is illegal when the child is younger than 16.

2 Please read the text (Text I) and complete the table with the relevant information in German. (15)

a	Zahl der radikalisierten Britinnen in den letzten Jahren		(1)
b	Grund, warum die Angst vor Radikalisierung wächst		(1)
c	Hauptrisikofaktor für Radikalisierung		(1)
d	Faktoren, die Radikalisierung begünstigen neben Depression, kriminellem Verhalten und sozialer Isolierung *Nennen Sie sechs.*		(6)
e	Versprechungen von ISIS *Nennen Sie vier.*		(4)
f	Rolle der sozialen Medien *Nennen Sie zwei Aspekte.*		(2)

MEDIATION

Text II Palm oil

An Amnesty International investigation last year found children as young as eight were working in "hazardous" conditions on the plantations of the world's biggest palm oil processor. As a consequence, the company has launched measures to improve conditions of thousands of children living on its plantations. The investigation also reported other labor abuses, including working long hours for low pay without adequate safety equipment. It found at least nine global companies were sourcing[1] from these Indonesian plantations.

Human rights groups have said parents who harvest palm fruit often have to seek help from their children, to meet firms' high harvesting quotas.

"The quota and penalty system are the reason why parents take their children to work. That has not been recognized at all in this child protection policy," one member of the group said.

(137 Wörter)

eigene Zusammenstellung nach https://www.reuters.com/article/us-indonesia-palmoil-children/palm-oil-giant-vows-to-reform-after-%20indonesian-child-labor-probe-idUSKBN1DT2LV

1 to source – *Produkte beziehen aus*

Text III Die große Chance

Deutschland ist auf dem Weg, zum Einwanderungsland Nummer eins zu werden. Alle Flüchtlinge, die hierbleiben können, in die Gesellschaft zu integrieren, ist auch wirtschaftlich eine große Herausforderung.

Das Flüchtlingsthema hat zu einer Diskussion über die wirtschaftlichen Folgen für unser Land geführt, die häufig auf falschen Informationen basiert. Viele haben Sorge, dass die Ausgaben für Flüchtlinge ihre Ansprüche auf Leistungen und Unterstützung beschränken könnten oder dass ihre Löhne und Arbeitsplätze gefährdet seien. […] Die kurzfristigen Aufwendungen für Flüchtlinge sind in der Tat massiv. Als Faustregel gilt: Ein Flüchtling kostet den deutschen Staat pro Jahr knapp 12 000 Euro für Unterbringung, Verpflegung, medizinische Versorgung und Verwaltung. 800 000 Flüchtlinge bedeuten somit jährliche Ausgaben von knapp zehn Milliarden Euro. Wenn eine ähnliche Anzahl im nächsten Jahr kommt, würden sich die Ausgaben auf 20 Milliarden belaufen. Natürlich ist dies eine finanzielle Belastung für den deutschen Staat. Trotzdem darf man nicht außer Acht lassen, dass diese Ausgaben nicht nur den Flüchtlingen zugutekommen, sondern auch vielen deutschen Bürgern. Denn von den Aufwendungen für Wohnungen und Unterkunft profitieren die deutsche Bauwirtschaft sowie Unternehmen und Privatpersonen, die diese Unterkünfte zur Verfügung stellen. Von den Aufwendungen für Lebensmittel und andere Güter und Dienstleistungen profitieren in erster Linie deutsche Unternehmen und Arbeitnehmer. Der Beitrag der Ausgaben für Flüchtlinge zum Wirtschaftswachstum ist in Deutschland spürbar. Denn selbst, wenn nur die Hälfte dieser 20 Milliarden Euro in den Konsum geht, erhöht sie die Wirtschaftsleistung um 0,3 Prozent im Jahr. Die Ausgaben für Flüchtlinge sind daher wie ein kleines Konjunkturprogramm, das die Nachfrage und somit die Wirtschaft ankurbelt. *(257 Wörter)*

Marcel Fratzscher, Deutsches Institut für Wirtschaftsforschung (DIW): Die große Chance, Handelsblatt Newcomer Februar/März 2016, https://www.handelsblattmachtschule.de/fileadmin/Images/Newcomer/NC37_Inhalte/NC-Nr.37-Final.pdf

3.1 Translate the text excerpt (Text II) without the title freely into German. Remember to translate as closely as possible and as freely as necessary. (15)

3.2 Summarize the text (Text III) in English in not more than 170 words. One point (BE) will be deducted for every 10 words that you are over the word limit. Please count your words in groups of 10. (10)

Hinweis:
Eine Überschreitung von weniger als zehn Wörtern führt zu keinem Abzug. (Beispiel: 179 Wörter führen zu keinem Abzug, ab 180 Wörtern wird eine BE abgezogen, ab 190 Wörtern werden zwei BE abgezogen.

PRODUKTION

Cartoon

Andrzej Rysuje/Polish Doguin

4 Briefly describe the cartoon and comment on the problem of plastic and microplastics for the environment.

Write 270–330 words.

Please count your words in groups of 50. (22)

Hinweis:
Wird die vorgegebene Wortanzahl unterschritten, werden je 15 Wörter Unterschreitung zwei BE von der Gesamtsumme abgezogen.
Wird die vorgegebene Wortanzahl überschritten, wird je 15 Wörter Überschreitung eine BE von der Gesamtsumme abgezogen.
(Beispiel: 270–330 Wörter führen zu keinem Abzug, bei weniger als 270 Wörtern werden zwei BE abgezogen, bei weniger als 255 werden vier BE abgezogen … bei mehr als 330 Wörtern wird eine BE abgezogen, bei mehr als 345 Wörtern werden zwei BE abgezogen …)

Lösungsvorschläge zu Vorschlag A

HÖRVERSTEHEN

Transkript Sustainable tourism

Paul Myers (Host): Welcome, everyone, to Episode 24 of "Clearly Sustainable". My name is Paul Myers. Today we look at the term 'sustainable tourism'. Tourism is a very large industry globally and many aspects of tourism have been unsustainable for a long time. I am pleased to have Anna Sander with me to help with this episode.

Anna Sander: Hello Paul, I am glad to be here.

Paul Myers: Anna, you have been dealing with problems of tourism, especially mass tourism, for a long time. Can you give us an overview?

Anna Sander: Of course. First of all, we have to say that tourism is a huge and growing industry because people like to travel and enjoy their free time. It creates jobs and is a major source of income for so many people and countries in the world.

Paul Myers: That's right. But it definitely comes at a price.

Anna Sander: Tell me about it! Like all large industries, tourism brings its share of problems with it. Mass tourism can affect the environment in various ways. It often leads to noise pollution, for example. Then we can see increased CO_2 emissions and also, very importantly, damage to natural resources.

Paul Myers: We shouldn't forget the challenges of waste collection.

Anna Sander: I agree. And as more and more people visit a holiday destination, the demand continues to rise and land is constantly being destroyed to create for example more hotels and restaurants. With such a large increase in tourism and recreational facilities, deforestation is one of the largest issues.

Paul Myers: For the most part, travellers never want to cause destruction to a country or its people. But it seems to be inevitable at first sight.

Anna Sander: But it doesn't have to be like that. There are many examples of how you can be a responsible tourist. No single individual can reverse the damage that has been done, but we can all take steps to reduce our carbon footprint and that includes participating in sustainable tourism or ecotourism.

Paul Myers: Ecotourism is quite a popular expression these days. But what exactly does it mean?

Anna Sander: By that we mean holidays that are designed to leave a minimum of pollution or as little a carbon footprint as possible.

Paul Myers: That sounds good, but what tips can we give the people who want to travel?

Anna Sander: In general, the responsible tourist carefully considers the mode of transport, the choice of destination and the activities involved when planning a trip. To begin with, green transportation is a significant factor in an eco-friendly trip. Use air transport only when necessary. Instead, whenever possible, use public transportation such as rail and buses. Walk or bike to explore your destination; it's good for your health and the environment.

Paul Myers: Transportation impact also can be reduced by vacationing close to home.

Anna Sander: You're right, but people often like to travel to more distant destinations. But what everybody can do is to always look for hotels that are eco-friendly and in general support the accommodations that are sustainable and care for the environment.

Paul Myers: How do I know that a hotel or apartment is eco-friendly or sustainable?

Anna Sander: There are different aspects to consider. One important aspect is that the products used in a hotel are from certified organic agriculture or production. This applies to food and beverages but also cosmetics or textiles.

Paul Myers: That's probably the reason why a lot of these hotels have special certificates to demonstrate their environmental commitment.

Anna Sander: Another aspect is to prefer local products to support the region and to cut unnecessary CO_2 emissions from transport.

Paul Myers: That might not be possible in all the destinations you want to visit, but I think it is at least something you should check before you plan your trip.

Anna Sander: As far as accommodation is concerned, tourists can also check whether the place uses green energy and has a recycling programme.

Paul Myers: I think I've heard a list of criteria how travelers can choose a sustainable destination for their holiday. But we shouldn't forget the role of the people who travel. I think their behaviour matters too!

Anna Sander: It most definitely does! But most of the things we ask people to do are the same as at home: minimize your waste and your pollution, for example, by cutting down on single-use plastic, use reusable products like water bottles and so on.

Paul Myers: Normally, that goes without saying!

Anna Sander: I know … let's face it, this is not standard. Let's get back to what you can do as a traveler. If you stay in a hotel, don't get your room cleaned and your towels changed every day. That saves a lot of energy and resources. And by the way, it is certainly not necessary. Or do you do that in your home every day?

Paul Myers: Of course not! The last point I would like to focus on is the behaviour towards local people and the environment of the place you are visiting.

Anna Sander: I would like to emphasise the importance of that point. Again, try to buy things from the local economy to support them.

Paul Myers: Indeed, it is often a little more difficult to find these things, but it's definitely worth it. A lot of the products are handmade and really unique in contrast to the items that are flown or shipped in.

Anna Sander: And in addition, they have a much larger carbon footprint. I feel that people should respect local customs as well. This also means not buying wildlife products and things made from endangered plants or animals.

Paul Myers: Not only is it wrong, but you probably won't be able to get them through customs. Well, since our time is almost up, we have to stop at this point, although there are many other aspects to talk about. I hope you found this episode enjoyable and useful. My thanks to Anna for the help with this episode and to you for listening. We look forward to you joining us again in future episodes in the series.

eigene Zusammenstellung nach: https://www.holidayguru.ie/travel-magazine/top-destinations-for-sustainable-tourism/

1 **TIPP**

Achtung: Zwar wird beim Hörverstehen das Textverständnis geprüft und Rechtschreibfehler werden nicht bewertet, weicht die geschriebene Lösung jedoch so weit vom Original ab, dass die Lehrenden raten müssen, was gemeint ist, können BE nicht oder nur teilweise vergeben werden.

- **Zu a:** Hier soll **ein** positiver Aspekt der Entwicklung in der Tourismusbranche herausgearbeitet werden. Im Text werden verschiedene Aspekte genannt. Wenn Sie mehr als einen nennen, kann nur Ihre erste Antwort bewertet werden. "It creates jobs and is a major source of income ..." (Z. 9/10) Durch das Wachstum entstehen Arbeitsplätze und die Branche stellt eine Haupteinkommensquelle für viele Arbeitende dar.
- **Zu b:** Hier sollen vier Problembereiche angegeben werden.
  - "It often leads to noise pollution for example. Then we can see increased CO_2 emissions and also, very importantly, damage to natural resources." (Z. 13–15) An dieser Stelle sollte unbedingt auf Genauigkeit geachtet werden. Formulierungen wie „noise problems" oder sehr allgemeine Lösungsvorschläge wie „pollution" können zu Punktabzügen führen. Dasselbe gilt auch, wenn man nur „CO_2 emissions" schreibt.
  - "We shouldn't forget the challenges of waste collection." (Z. 16) Hier könnte man auch „waste collection is a challenge" oder „large amount of waste" schreiben.
  - "And as more and more people visit a holiday destination, the demand continues to rise and land is constantly being destroyed to create [...] hotels and restaurants." (Z. 17–19) Die Natur wird durch Bebauung zerstört.
  - "With such a large increase in tourism and recreational facilities, deforestation is one of the largest issues." (Z. 19/20) Abholzung ist eines der größten Probleme.
- **Zu c:** Hier sollen vier Tipps für die Planung einer umweltfreundlichen Reise gegeben werden.
  - "In general, the responsible tourist carefully considers the mode of transport, the choice of destination and the activities involved when planning a trip." (Z. 32/33)
  - "To begin with, green transportation is a significant factor in an eco-friendly trip." (Z. 33/34) Umweltfreundliche Verkehrsmittel sind ein wichtiger Aspekt einer umweltfreundlichen Reise.

- "Use air transport only when necessary." (Z. 34/35) Man sollte nur dann fliegen, wenn es unumgänglich ist.
- "Instead, whenever possible, use public transportation such as rail and buses." (Z. 35/36) Stattdessen sollte man öffentliche Verkehrsmittel nutzen.
- "Walk or bike to explore your destination …" (Z. 36) Nur „biking" kann zu Abzug führen, da „walk" fehlt.
- "Transportation impact also can be reduced by vacationing close to home." (Z. 38) Urlaub nahe am Wohnort ist besonders umweltfreundlich.
- "But what everybody can do is to always look for hotels that are ecofriendly and in general support the accommodations that are sustainable and care for the environment." (Z. 40–42) Alle können umweltfreundliche/nachhaltige Hotels auswählen sowie nachhaltige Unterkünfte unterstützen.

- **Zu d:** Hier sollen drei Merkmale eines nachhaltigen Hotels genannt werden.
  - "One important aspect is that the products used in a hotel are from certified organic agriculture or production. This applies to food and beverages but also cosmetics or textiles." (Z. 44–46) Nachhaltige Hotels zeichnen sich durch die Nutzung von Produkten, die aus zertifizierter Bioproduktion oder Landwirtschaft stammen, aus. Hier sollten Sie darauf achten, die Informationen vollständig aufzuschreiben. Verkürzte Formulierungen wie „cosmetics" oder „food" oder das Vergessen des Verbs „used" können zu Punktabzug führen.
  - "That's probably the reason why a lot of these hotels have special certificates to demonstrate their environmental commitment." (Z. 47/48) Nachhaltige Hotels haben spezielle Zertifikate.
  - "Another aspect is to prefer local products …" (Z. 49) Sie bevorzugen lokale Produkte.
  - "As far as accommodation is concerned, tourists can also check whether the place uses green energy and has a recycling program." (Z. 53/54) Sie nutzen umweltfreundliche Energie und Wiederverwertungsprogramme.
- **Zu e:** Hier sollen drei Eigenschaften für ein umweltbewusstes Verhalten im Urlaub genannt werden.
  - "But most of the things we ask people to do are the same as at home: minimize your waste and your pollution for example by cutting down on single-use plastic, use reusable products like water bottles and so on." (Z. 58–60) In diesem Abschnitt finden sich drei zusammengehörende Aspekte: Abfall und Verschmutzung minimieren, Einwegplastik reduzieren und wiederverwendbare Produkte nutzen. Hier sollte man unbedingt auf die Formulierung achten: das Schreiben von „minimal waste" führt zu Abzug. Auch die Formulierung „using renewable products" ist sinnentstellend.
  - "If you stay in a hotel, don't get your room cleaned and your towels changed every day." (Z. 63/64) Man sollte das Zimmer im Hotel nicht jeden Tag reinigen lassen und die Handtücher nicht jeden Tag austauschen lassen. Hier sollte auf die Formulierung geachtet werden. "Don't clean your room everyday" hat eine ganz andere Bedeutung und ist sinnentstellend.

- “Again, try to buy things from the local economy to support them.” (Z. 68/69) Man sollte Produkte in lokalen Geschäften kaufen.
- “I feel that people should respect local customs as well. This also means not buying wildlife products and things made from endangered plants or animals.” (Z. 73–75) Man sollte örtliche Bräuche respektieren und keine Produkte von wild lebenden Tieren oder Pflanzen kaufen.

a	Positive aspect of the development in the tourism industry	• **creates jobs** • major source of income Auch möglich wäre: • growing industry
b	Problematic aspects of (mass) tourism *Name four.*	• (leads to) **noise pollution** • **increased CO_2 emissions** • **damage to natural resources** • **challenges of waste collection** • land is constantly being destroyed (to create hotels and restaurants) / land is getting destroyed / more hotels are destroying the landscape • deforestation / deforesting
c	Tips for planning an eco-friendly trip *Name four.*	• **green transportation**/green transport/ sustainable transport • **only fly when necessary** • **use public transportation**/use the bus or the train • **walk or bike** • **holidaying close to home**/vacation close to home / travel to nearby holiday destinations / thinking about the choice of destination • eco-friendly/sustainable hotel / sustainable accommodation • eco-friendly activities / sustainable activities
d	Features that characterise a sustainable hotel *Name three.*	• **use products from certified organic agriculture or production** / organic products like food or cosmetics / products are organic • **have special certificates** • **prefer local products** • use green energy • have a recycling programme / using recycling
e	Characteristics of eco-conscious behaviour on vacation *Name three.*	• **minimizing waste and pollution** / reduce waste / minimize waste • **cutting down on single-use plastic** • **using reusable products** / using recyclable products

		• not getting room cleaned every day • not getting towels changed every day • buying things from the local economy / try to buy things / products locally / support local economy • respecting / respect local customs • not buying wildlife products and things made from endangered plants or animals

LESEVERSTEHEN

2 **TIPP**

- **Zu a:** Hier müssen vier Merkmale im Text gefunden werden, die zeigen, dass Schweden besonders nachhaltig ist:
  - "More than 99 percent of ordinary household waste in the country is recycled." (Z. 1/2) Entscheidend ist hier das Wort „Haushaltsmüll", nur „Müll" oder „Abfall" reicht nicht aus. Sinnentstellend ist „99 % aller Haushalte im Land recyceln ihre Abfälle".
  - "Separating trash and depositing it in shared containers in apartment blocks or dropping it off at recycling stations has been part of most Swedes' weekly routines since the 1980s." (Z. 2–4) Hier hätte man auch auf den „Müll in Recyclingstationen" hinweisen können.
  - "More recently, there's been a boom in demand for organic products and a reappearance in urban city gardening." (Z. 4/5)
    In diesem Absatz stecken zwei Aspekte: die Nachfrage nach Produkten aus biologischem Anbau und „Urban Gardening"-Projekte.
  - "The country has passed legislation forcing it to become a net zero greenhouse gas emitter by 2045." (Z. 5/6)
- **Zu b:** "But in today's 'make, take and trash' era, the Nordic nation still faces the same battle with mass consumption as everywhere else." (Z. 7/8)
- **Zu c:** "It is the first mall in the world with a focus on sustainable shopping." (Z. 11) Die Formulierung „komplett wiederverwertbare Ware" wäre in der Lösung nicht korrekt.
- **Zu d:** "Almost all the items on sale are from public donations, dropped off by locals at the mall's drive-thru depot." (Z. 13/14)
- **Zu e:**
  - "The mall has also played a role in generating employment for immigrants seeking their first taste of the Swedish labor market." (Z. 15/16)
  - "It also offers adult education courses focused on design-based recycling." (Z. 17/18) Stellen Sie sicher, dass Sie in ihrer Lösung kenntlich machen, dass es um „Design" geht, also um eine künstlerische Wiederverwertung der recycelten Produkte. Die Formulierung „unterrichten Erwachsene in Recycling" wird dem nicht gerecht.

- "We're saving the environment, we're making job opportunities and we're offering products to those with a low or mid-low income." (Z. 21/22) Die allgemeine Erwähnung vom Umweltschutz in Formulierung wie „schützen die Umwelt" ist nicht korrekt, da konkret nach Vorteilen für die Bürger gefragt wird.

- **Zu f:** "When it comes to the secondhand stores, way too little ends up there because what is produced today is often of such low quality that no one wants to sell it in a secondhand store …" (Z. 30–32)
- **Zu g:** "Endre says there need to be stronger political and industry-level efforts to ensure that businesses make products that are easier to repair or reuse." (Z. 33/34) Das Wort „effort" bedeutet Anstrengungen und sollte nicht mit „Anforderungen", „Versuche" o. Ä. übertragen werden. Für „repair or reuse" hätte man auch „wiederverwenden" schreiben oder erwähnen können, dass Produkte langlebiger sind.
- **Zu h:** "The Swedish mall is about to build a new storage area, freeing up space for even more shops to move in." (Z. 36/37) Eine Antwort ist ausreichend.

a	Merkmale für Schwedens Ruf für Nachhaltigkeit und Umweltbewusstsein *Nennen Sie vier.*	• **mehr als 99 % vom (normalen) Haushaltsmüll werden recycelt** • Mülltrennung ist (seit den 80er-Jahren) Teil der schwedischen Routine • **steigende Nachfrage nach Bioprodukten** / große Nachfrage nach Produkten aus ökologischem Anbau • **gemeinschaftliche gärtnerische Nutzung von Grünflächen auf städtischem Grund** / Wiederaufleben von Obst- und Gemüseanbau in Städten • **per Gesetz möchte Schweden bis 2045 die schädlichen Treibhausgase auf null reduzieren**
b	Problem, das in Schweden dennoch besteht	• (immer noch) **Massenkonsum** / zu viel Konsum / zu viele Güter werden gekauft
c	Einzigartigkeit von ReUsa	• **erstes Einkaufszentrum mit Fokus auf nachhaltigen Einkauf**
d	Herkunft der meisten Waren	• **Spenden**
e	Vorteile von ReUsa für die Bürger *Nennen Sie vier.*	• **Arbeitsangebote für Einwanderer** / Jobs für Immigrantinnen und Immigranten / Immigrantinnen und Immigranten können erste Erfahrungen auf dem Arbeitsmarkt machen • **Kurse in design-basiertem Recycling für Erwachsene** • **schafft Arbeitsplätze** • **Produkte für Menschen mit einem geringen Einkommen** / wenig Geld

f	Kritikpunkt am System von ReUsa	• **Produkte heute von so schlechter Qualität, dass sie nicht wiederverwendet werden können**
g	Anregung zur Verbesserung	• **Anstrengungen durch Politik und Industrie notwendig, damit Produkte besser repariert oder wiederverwendet werden können**
h	Zukunftsplan von ReUsa	• **Ausbau der Lagerfläche** • schafft Platz für neue Geschäfte

MEDIATION

3.1 TIPP

- *now:* gerade, zurzeit
- *witnessing:* sind Augenzeugen, beobachten gerade
- *Völkerwanderung:* Flüchtlingswelle, Migrationsbewegung
- *about:* ungefähr, zirka
- *It is doubtless that:* Es ist unbestritten / zweifelsfrei so / unbestreitbar / ohne Zweifel so, dass …
- *the biggest event:* Die Übersetzung mit Event wäre an dieser Stelle falsch, da es sich um keine Veranstaltung handelt, sondern um ein Ereignis bzw. eine Situation, die durch Veränderung und Dynamik gekennzeichnet ist.
- *different types:* Die Übersetzung mit Typen wäre an dieser Stelle falsch.
- *the current crisis:* die jetzige / derzeitige Krise
- *unprecedented:* beispielloses
- *Some presume:* Einige nehmen an, Manche vermuten
- *starvation:* Eine Übersetzung mit „Hunger" wäre nicht ausreichend.
- *dried-up:* ausgetrockneten
- *regardless of legal status:* „ungeachtet des rechtlichen Status", „ohne Berücksichtigung des rechtlichen Status"
- *what the causes:* was die Ursachen

Wir werden aktuell Zeugen der größten Völkerwanderung, die je verzeichnet wurde. (2)
In etwa 258 Millionen Menschen lebten 2018 außerhalb des Landes, in dem sie geboren wurden. (1)
Man kann zweifellos behaupten, dass die Massenbewegung von Menschen das größte Ereignis unserer Zeit ist. (1)
Wie definieren wir die verschiedenen Arten von Migranten, wie viele gibt es und ist die aktuelle Krise wirklich ein nie da gewesenes Problem? (2)

Wenn es um Migranten geht, sind die Definitionen kompliziert. Einige gehen davon aus, dass ein Migrant ein Mensch auf der Suche nach einem besseren Leben ist. (2)

Aber wenn diese Person die Armut und den Hungertod auf einer vertrockneten Farm in der Sahelzone hinter sich lässt, um zu überleben, ist sie dann ein Migrant oder ein Flüchtling? (2)

Deshalb definiert die Internationale Organisation für Migration jede Person, die sich über eine internationale Grenze hinwegbewegt oder sich innerhalb eines Staates bewegt oder bewegt hat, als Migrant oder Migrantin. (3)

Dies geschieht unabhängig vom rechtlichen Status oder davon, ob die Ortsveränderung freiwillig oder unfreiwillig geschieht, was ihre Gründe für die Migration sind und wie lange der Aufenthalt dauert. (2)

3.2 **TIPP**

Der dargestellte Text soll in englischer Sprache sinngemäß zusammengefasst werden. Eine klare Struktur mit Einleitungssatz *(umbrella sentence)*, Hauptteil und Schluss ist unerlässlich für die Zusammenfassung.

Einleitung: *Umbrella sentence* mit allgemeiner Information zum Inhalt, z. B. Name des Autors, Name der Quelle, Veröffentlichungsdatum und Hauptthema des Textes. Stellen Sie die wesentlichen Inhalte des Textes dar, hier also zum Beispiel:

- mass consumption of meat
- its negative consequences
- change in eating behaviour

Hauptteil:

- reason for meat consumption: cheap and always available
- negative consequences (name two):
  - suffering of animals
  - environment, climate, soil and our health are harmed
- possible solutions (name two):
  - meat tax
  - agricultural policy focusing on animal welfare and ecology
  - nutritional education in schools
  - information campaigns
  - meat has to become more expensive

Schlussteil/Conclusion (mögliche weiterführende Aspekte)

- eating less meat would save mankind

Introduction umbrella sentence

The article “Essen ist politisch” written by Harald Lemke and published on greenpeace.de in 2019 is about mass consumption of meat, its negative consequences and the political actions that should be taken to change our eating behaviour.

Meat is cheap and always available. However, meat production causes animals' suffering, and harms the environment, the climate, the soil and our health. Therefore, we need to cut down the amount of meat we eat or abstain from eating it altogether. The government should start political measures by introducing a meat tax, an agricultural policy focusing on animal welfare and ecology, nutrition education in schools and information campaigns. Meat has to become more expensive in order to include the cost of the damage caused when it comes to our health and the environment. **Main part**

That leads to the conclusion that eating less meat would help to save mankind. **Conclusion**

PRODUKTION

4 **TIPP**

Discuss (Erörtern) heißt, eine These oder Problemstellung unter Abwägen von Pro- und Kontra-Argumenten zu hinterfragen und zu einem eigenen Urteil zu gelangen. Es muss also ganz klar eine „on the one hand – on the other hand"-Abwägung erfolgen. Am Ende sollte eine auf den Argumenten basierende Schlussfolgerung inklusive eigener Meinung stehen.

Strukturieren Sie Ihren Text sinnvoll und klar. Die *discussion* muss die folgenden Bestandteile enthalten:

- **Einleitung:**
  - Open up the discussion.
  - Introduce the thesis.
- **Hauptteil** (Entscheidend ist, dass Sie Ihre Argumente schlüssig darstellen. Nennen Sie diese daher nicht nur, sondern erläutern Sie sie und geben Sie Beispiele):

  PRO
  - Refugees flee war or poverty, therefore it is our moral duty to help.
  - There are different reasons for fleeing a country: climate change, lack of education, crises, violence and armed conflicts.
  - Industrialised countries are responsible for the poverty in developing countries due to globalisation and exploitation of scarce resources.
  - Immigrants are a valuable asset to society when their social and economic
  - Immigrants are good for our economy (contribute to the workforce, consume goods).

CON

- Immigrants need (financial) support to integrate into society successfully.
- There is a fear that the financial support for immigrants will have an effect on the social security system and will reduce the support available for German residents.
- This leads to social polarisation and a rise in populism (demonstrations, right-wing parties).
- Traditional values, e. g. a lack of emancipation, can make integration more difficult.
- Sometimes refugees lack education and the ability to speak German.

- **Schlussfolgerung:**
  - Sum up and present your own opinion.
  - Sum up with a personal conclusion based on your arguments for and against.

Introduction

Worldwide, refugees are leaving their homes in search of a safer and better life. This leads to challenges for governments and societies with regard to how to help them. In the following, both the positive and the negative effects on societies will be discussed.

Cons

financial aspect, populism

On the one hand, it is not easy to support all refugees financially and help them to integrate. Some Germans fear this may result in less social security and support for German residents, which leads to the rise of populism.

traditional values make integration difficult

Furthermore, if immigrants stick to their traditional values, which may involve the lack of emancipation, for example, and refuse to adapt to the new culture, this may lead to more conflict within society.

need to be trained

Finally, many refugees lack education. They therefore need to be trained before taking on new jobs. Time, the willingness to learn a new language and working skills are required.

Pros

persecution and human rights violations

On the other hand, many refugees are forced to flee persecution or human rights violations. We therefore have a moral duty to help people in need, whether they come from developed or developing countries.

globalisation and growing inequality

Secondly, globalisation has helped millions to escape poverty – but it has also led to growing inequality between developing and developed countries, which profit even more from low production prices. So, it is time to give back something in return.

economy (workforce)

Thirdly, economies need immigrants in order to fill the job vacancies that result from a decline in population. Immigrants can be a valuable asset to society when their social and economic integration is successful.

To sum up, we have the moral duty to help people in need. The high cost of refugees and the need to adapt to the new culture can make it difficult to handle all the incoming refugees, but we also need new workers. To my mind, Germany is a wealthy country which profits from globalisation and it therefore has a duty to help migrants who want to work and adapt to German culture. *(326 words)*

Conclusion
Germany has a duty to help

Lösungsvorschläge zu Vorschlag B

HÖRVERSTEHEN

1 *Für Hörverstehensaufgabe vergleiche Vorschlag A*

LESEVERSTEHEN

2 **TIPP**

- **Zu a:** "This includes at least 50 girls leaving to become Jihadi brides." (Z. 5/6) Beachten Sie, dass nach „Britinnen" gefragt wird, dass es hier also nur um Frauen und Mädchen geht, die radikalisiert wurden. Zudem muss Ihre Lösung die Formulierung „at least", also „mindestens", berücksichtigen.
- **Zu b:** "As yet, there has been no clear link or exact cause identified for someone becoming radicalised. This creates the sense that 'it could happen to anyone' which, in turn, increases the fear of radicalisation." (Z. 7–9)
- **Zu c:** "What we know as of now is that the main risk factor identified in victims is vulnerability." (Z. 10/11)
- **Zu d:**
  - "Those who are most vulnerable are younger people from age 13 upwards." (Z. 12)
  - "They might be experiencing an identity or personal crisis or have feelings of unmet aspirations or a sense of injustice." (Z. 12–14)
    Hier kommt es auf die genaue Formulierung an: anstelle von „persönliche Krise" kann man auch „Persönlichkeitskrise" oder „persönliche Probleme" schreiben. Bei „unmet aspiration" werden Formulierungen wie „unbekannte/unverstandene Ambitionen" oder „unzutreffende Ambitionen" nicht gewertet, da diese Formulierungen sinnentstellend sind. „Sense of injustice" kann nicht mit „ungerechte Behandlung" übersetzt werden.
  - "They might be people with a need for adventure or excitement and the conviction that their religion or culture is under threat." (Z. 14/15)
    Anstelle von „Suche nach Abenteuer" kann man auch „Abenteuerlust" schreiben. In der Lösung sollte „conviction" mit einer Formulierung wie

„Gefühl/Annahme/Überzeugung/Ansicht“ übertragen werden, da die englische Bezeichnung impliziert, dass es sich um eine gefühlte und nicht unbedingt um eine reale Gefahr handelt. „Gefühl, dass ihre Kultur in Gefahr ist“, kann man gelten lassen, wohingegen die Formulierungen „ihre Kultur steht unter Druck/Kultur wird nicht gerecht behandelt“ den Originaltext nicht korrekt wiedergeben.

- Die Aspekte aus dem folgenden Textausschnitt können nicht gewertet werden, da sie bereits Bestandteil der Fragestellung sind: “Individuals who feel socially isolated and are possibly suffering from depression are also at risk. Finally, there are those who have a history of criminal behaviour.” (Z. 15–17) Bei der Bearbeitung der Aufgabenstellung sind solche „Ausschlüsse“ hilfreich, da sich die tatsächliche Lösung oft im unmittelbaren Umfeld der genannten Aspekte befindet, in diesem Fall direkt davor.

– **Zu e:** “… with promises of excitement, power, glory and freedom along with more material rewards, such as cash and housing.” (Z. 22/23)
Alternative Formulierungen für „promises of excitement“ sind: „versprechen Aufregung“ oder „Versprechen, dass sie begeistert werden“.
„Power“ sollte mit „Macht“ übersetzt werden, da „Power“, „Kraft“ oder „Stärke“ hier nicht die Intention des Ausgangstextes wiedergeben. Anstelle von „Ruhm“ kann man auch „Ehre“ schreiben. Vorsicht bei dem Wort „freedom“, das nicht „Frieden“ heißt. „Cash“ kann auch mit Bargeld übersetzt werden. Die Formulierung von „Häuser“ für „housing“ ist nicht zulässig.

– **Zu f:**

- “A personal connection is formed: you can be sat at home in the UK talking directly to an individual fighter in Syria who is bragging about his military accomplishments and offering you help and encouragement to travel to join him.” (Z. 23–25)
Hier könnte man auch schreiben, dass eine schnelle und einfache Verständigung durch soziale Medien möglich ist oder dass dadurch, dass der Kontakt direkt im eigenen Zuhause zustande kommt, schnell eine persönliche Bindung aufgebaut wird.
- “… but the strong brand ISIS have created via social media supports the process. It’s a brand that paints a seductive picture and acts as a compelling recruitment drive that inspires thousands of people to embark on a one-way journey to join their cause.” (Z. 29–32)
Hier kann man auch erwähnen, dass ISIS eine Marke ist, die zum Zwecke der Rekrutierung verführerische/anziehende Bilder zeigt.
- “In fact, it has been argued that ISIS’ social media strategy could rival the biggest brands in the world with ISIS holding over 45,000 Twitter accounts.” (Z. 32–34)
Hier kann man auch allgemein die starke Präsenz in den sozialen Medien erwähnen.

a	**Zahl** der radikalisierten Britinnen in den letzten Jahren	**mindestens 50**
b	**Grund**, warum die Angst vor Radikalisierung wächst	**genauer Grund für Radikalisierung nicht klar / Es kann jede*n treffen/jeder oder jedem passieren.**
c	**Hauptrisikofaktor** für Radikalisierung	**Verwundbarkeit/Verletzlichkeit**
d	**Faktoren, die Radikalisierung begünstigen,** neben Depression, kriminellem Verhalten und sozialer Isolierung *Nennen Sie sechs.*	• **junges Alter (ab 13)** • **Identitätskrise** • **persönliche Krise** • **unerfüllte Wünsche/Ziele** • **Gefühl, ungerecht behandelt zu werden** • **Suche nach Abenteuern** • Überzeugung, dass ihre Religion oder Kultur bedroht würde
e	**Versprechungen** von ISIS *Nennen Sie vier.*	• **aufregendes Leben** • **Macht** • **Ruhm** • **Freiheit** • Geld • Unterkunft
f	Rolle der **sozialen Medien** *Nennen Sie zwei.*	• **über das Internet kann man direkten Kontakt zu Kämpfern in Syrien aufnehmen** • **ISIS hat über soziale Medien eine starke Marke aufgebaut** • ISIS nutzt soziale Medien ähnlich wie andere große Marken • ISIS verfügt über mehr als 45 000 Twitter-accounts

MEDIATION

3.1 **TIPP**

- children *as young as eight*: „Kinder, die gerade einmal acht Jahre alt waren"; falsch wäre: „Kinder jünger als acht Jahre"
- *palm oil*: Achtung: „Palmenöl" (sic!) wäre nicht korrekt.
- *palm oil processor*: Palmölproduzent, Palmölverarbeiter
- *As a consequence*: als Folge daraus, in der/als Konsequenz
- *the company:* die Firma

- *labour abuses:* Dieser Begriff ist schwer zu übersetzen. Sucht man im Wörterbuch nach „abuse", findet man die Begriffe „Missbrauch", „*Verletzung*" und „Beschimpfung", wobei nur „Missbrauch" im Kontext passt. In Kombination mit „labour" lässt sich der Begriff nicht 1:1 ins Deutsche übertragen. Daher muss umschrieben werden. Hier hätte man auch „Arbeitsmissstände", „weitere schlechte Arbeitsbedingungen/Arbeitsumstände wie ...", „andere Verstöße, wie ..." oder „weitere (Arbeitskräfte-) Ausbeutung" schreiben können.
- *working long hours for low pay:* „lange Arbeitszeiten bei schlechter Bezahlung"; falsch wäre: „viele Stunden".
- *it found:* Alternativen: „die Untersuchung/man fand heraus"
- *at least:* Diese Informationen sollten Sie nicht weglassen
- *global companies*: globale Firmen, weltweit vertretene Unternehmen
- *were sourcing:* Waren bezogen
- *to seek help from their children:* „Hilfe von ihren Kindern benötigen"; falsch wäre hier: „Hilfe suchen"
- *harvesting quotas:* „Erntevorgaben", falsch wäre: „Pensum"
- *to meet:* „erreichen", falsch wäre: „treffen"
- *parents take their children to work:* „Eltern ihre Kinder mit zur Arbeit nehmen"; falsch wäre: „Eltern bringen/schicken ihre Kinder zur Arbeit"
- *recognized:* erkannt, berücksichtigt
- *child protection policy:* Kinderschutzpolitik, Programm zum Kinderschutz

Eine Untersuchung von Amnesty International fand im letzten Jahr heraus, dass Kinder schon im Alter von acht Jahren unter gefährlichen Bedingungen auf Plantagen des weltgrößten Palmölverarbeitungsunternehmens arbeiteten. (3)
In der Folge hat das Unternehmen Maßnahmen ergriffen, um die Bedingungen Tausender Kinder, die auf seinen Plantagen leben, zu verbessern. (2)
Die Untersuchung berichtete auch über andere missbräuchliche Arbeitsbedingungen, darunter schlecht bezahlte Überstunden ohne angemessene Sicherheitsausrüstung. (2)
Sie fand heraus, dass mindestens neun global agierende Unternehmen Produkte von diesen indonesischen Plantagen bezogen. (2)
Menschenrechtsgruppen berichten, dass Eltern, die Palmfrüchte ernten, oft Hilfe von ihren Kindern in Anspruch nehmen müssen, um die hohen Erntequoten der Firmen zu erfüllen. (2)
„Das System von Quoten und Bestrafungen ist der Grund, warum Eltern ihre Kinder mit zur Arbeit bringen. (2)
Das wurde im Kinderschutzprogramm bislang überhaupt noch nicht anerkannt", sagte ein Mitglied der Gruppe. (2)

3.2 **TIPP**

- **Einleitung:** *Umbrella sentence* mit allgemeiner Information zum Inhalt, z. B. Name des Autors, Name der Quelle, Veröffentlichungsdatum und Hauptthema des Textes. Stellen Sie die wesentlichen Inhalte des Textes dar, hier also zum Beispiel:
  - Germany as major country receiving the most immigrants
  - economic implications

Hauptteil:

- reason for concerns:
  - cuts in entitlements to government services and support
  - job losses and pay cuts
- example of how much the government has to spend:
  - accommodation
  - food
  - medical care
  - administration
- positive consequences for German economy:
  - benefits for construction industry, companies and private individuals that provide housing, food and other goods
  - economic growth

Schlussteil/Conclusion (mögliche weiterführende Aspekte)

- immigration increases demand and economic growth

Introduction / umbrella sentence

The article "Die große Chance" published on www.handelsblattmachtschule.de in 2019 deals with the economic challenges involved with the integration of refugees in Germany as the country receiving the most immigrants. Increased immigration has led to a discussion about the economic consequences for Germany.

Main part

Many Germans are concerned that their entitlement to government services and support could be restricted because of the financial support provided to refugees. Job losses and pay cuts are other worries of the German population.

It is true that costs of accommodation, food, medical care and administration, which amount to up to EUR 12,000 per refugee per year, are high, but this financial burden also has positive consequences. It benefits the construction industry as well as companies, businesses and private individuals that provide housing, food and other goods and services. That leads to increased economic growth.

Conclusion

To sum up, the costs involved regarding refugees will stimulate demand and therefore the German economy.

PRODUKTION

4 **TIPP**

Der Cartoon soll erst beschrieben und dann analysiert und Stellung bezogen werden. Achtung: Die Aufgabenstellung ist nicht auf das Müllproblem im Meer begrenzt!

- topic sentence (cartoonist, source, topic): plastic pollution in the oceans

Describe:

- There is a man standing at the checkout in a supermarket/grocery store.
- He is standing on the left holding a fish and asking for a plastic bag.
- The cashier on the right-hand side replies that the bag is in the fish.

Analyse:

- The cartoon refers to the problem of plastic pollution in the oceans, consequences for food chain and consumer behaviour.
- Plastic does not decompose and must be recycled properly.
- Sea creatures mistake plastic for food or get tangled up in it and die.
- They end up in food chain and on our plate and this damages our health.
- Nowadays, most fish are contaminated by plastic waste.
- But plastic bags account for only a small percentage of the plastic waste in the environment.
- Literally anything made of plastic can be found in the sea.
- Most of the plastic found in the oceans is in fishing nets. To reduce plastic pollution we must reduce the amount of fish and seafood we eat.

Comment/evaluate/conclude

- State your own opinion with reasons for it.
- Plastic bags can easily be replaced.
- More and more countries are banning plastic bags or requiring a fee.
- There are more ways to avoid plastic, such as bringing your own containers with you.
- Campaigns can raise awareness among customers.
  - Useful phrases: I think/do not think the cartoonist is successful in criticising the problem … (sinnvolle Begründung angeben!)
  - My personal opinion on the topic is …

The cartoon published on www.facebook.com in 2019 criticises the plastic pollution in the oceans. It shows a scene at the checkout of a grocery store. On the left is a male customer holding a fish and asking for a plastic bag for his groceries. On the right is a cashier, who is replying that the bag is in the fish. **Introduction**

The cartoon refers to the problem of plastic and marine pollution and its consequences for the food chain and our consumer behaviour. **Analysis**

Firstly, plastic does not decompose and often ends up in the oceans for various reasons. Therefore, sea creatures get tangled up in it, starve and die. sea animals die

Furthermore, fish mistake plastic for food. Microplastic is eaten by smaller fish, which are then eaten by larger fish. In the end, contaminated animals end up on our plate. Consumers are confronted with food which might lead to health problems. fish eat microplastics

Plastic bags are not the only problem. Most of our products are made out of plastic and thrown away. Many of them end up in the sea. The largest amount of plastic in the ocean is in old fishing nets, however. If we want to reduce plastic pollution, we must reduce the amount of fish and seafood we eat drastically. other plastic products and fishing nets contribute to the problem

The cartoonist wants to raise people's awareness of our excessive usage of plastic and its consequences. In my opinion, the cartoonist is successful in criticizing the problems of marine pollution due to plastic and of its consequences for consumers. If customers use canvas bags or re-use plastic bags several times and if governments ban or make it obligatory to charge for plastic bags, this may help. Alternatively, campaigns can help consumers to rethink their shopping behaviour and avoid plastic. **Comment**

Finally, one can say that sea animals suffer as a result of our consumer behaviour and no one knows yet how microplastics react in the human body. So, let's start rethinking and avoiding plastic as much as possible. *(325 words)* **Conclusion**

HÖRVERSTEHEN

1 Listen to the audio file and complete the table with the relevant information in English based on the information you hear. (15)

a	The weirdest thing Melanie Wilson found during her clean-ups		(1)
b	Things she usually finds *Name three.*		(3)
c	How Melanie feels about her clean-ups and why		(2)
d	Attitude towards littering in the 1960s		(1)
e	Attitude towards littering by the 1980s *Name two adjectives.*		(2)
f	Why people break the social norm of not littering		(1)
g	What can stop people from littering		(1)
h	Common prejudice why people litter		(1)
i	What happens if a place is already littered		(1)
j	Melanie Wilson's plan for the future		(1)
k	E-mail address you can send your questions to		(1)

LESEVERSTEHEN

Text I How a small Turkish city successfully absorbed half a million migrants

Welcome to Gaziantep, an industrial city on Turkey's southern border with Syria. Gaziantep has a booming textile industry and is the home of the pistachio. It is also just 60 miles from Aleppo, the Syrian city devastated by war.

In April 2011, 252 refugees arrived in Turkey from the Aleppo area. Today there are 3.6 million Syrian refugees in Turkey, with the majority living in the south, in places such as Gaziantep. Azhar Alazzawi, who manages the UN's World Food Programme in the city says: "In general people here call them guests, not refugees. The culture is similar, so is the religion." There is no doubt, however, that the newcomers have put a huge strain on the city's resources – above all on housing, water, public transport and healthcare.

Early on, the Turkish government pursued a policy of integrating the newcomers into urban areas, rather than let them stay in refugee camps. Only 4 % still live in camps. This put pressure, however, on the existing housing stock in Gaziantep, forcing up rents. Employers, meanwhile, took advantage of the sudden increase in the workforce to push down wages. There was also conflict over access to drinking water, and growing bitterness that the aid pouring in was going to Syrians, not to poor Turks. It was precisely to avoid this sort of conflict that the city adopted a new approach, based on integration. Mayor Fatma Sahin established a migration management department. The idea was that Turks and migrants would receive equal treatment and benefits.

"We have to work together", she says. "We are aiming for social solidarity, because Turkish and Syrian people are going to live together here, and if you only help Syrians there is going to be tension." Having coped with the humanitarian crisis at the beginning and the early stages of integration, the next challenge, Yalcin says is education and work. Although children learn Turkish easily, language remains a barrier to integration and work for their parents.

"Migration has always been with us," says Yalcin. "It's not a problem to be solved but a reality you have to manage. You should see the advantages. And you need to tell people the truth: these people are not stealing your jobs, they're not stealing your houses."

Yakzan Shishakly of the Maram Foundation, an NGO, says Gaziantep is booming. "The city has really done a good job and there haven't been any big problems. When the economy slows down, I fear there will be conflict."

Meanwhile, the city remains a role model of tolerance and pragmatism. Lanna Walsh, an NGO employee, compares it to the reaction in other cities in other countries: "They say, OK, we'll take 80, and they make such a fuss about it. More European countries need to make an effort, like Germany did, and agree to take more. It's not a burden to take refugees. Migration has always been a good thing and a driver for development."

(500 Wörter)

Stephen Burgen: How a small Turkish city successfully absorbed half a million migrants, 19. 06. 2019, https://www.theguardian.com/cities/2019/jun/19/gaziantep-turkish-city-successfully-absorbed-half-a-million-migrants-from-syria. Copyright Guardian News & Media Ltd 2021

2 Please read the text (Text I) and complete the table with the relevant information in German. (15)

a	Allgemeine Fakten über Gaziantep *Nennen Sie drei.*		(3)
b	Anzahl der syrischen Flüchtlinge in der Türkei heute		(1)
c	Wie Flüchtlinge im Allgemeinen in Gaziantep bezeichnet werden		(1)
d	Ressourcen vor Ort, die durch die Flüchtlinge beansprucht werden *Nennen Sie drei.*		(3)
e	Wo die Mehrheit der Flüchtlinge untergebracht ist		(1)
f	Entstandene Probleme in Gaziantep *Nennen Sie drei.*		(3)
g	Lösungsansatz der Stadt Gaziantep		(1)
h	Befürchtung von Yakzan Shishakly		(1)
i	Lanna Walshs Einstellung zur Migration		(1)

MEDIATION

Text II — Volvo says Swedish engine factory is now "climate-neutral"

Volvo says it now has its first "climate-neutral" factory, marking a step toward the Swedish automaker's goal of reducing carbon emissions from manufacturing. An engine plant in Sweden achieved climate-neutral status when it switched to renewable heating in January.

All heating for the plant is generated from waste incineration, biomass, and recycled biofuels. All electricity for the factory has been generated from renewable sources since 2008.

Efforts to make manufacturing greener complement Volvo's ambitious plans. Last year, the automaker announced that it would sell only hybrid cars and all-electric cars beginning in 2019.

The use of renewable energy is part of Volvo's effort to make all of its factories climate-neutral by 2025. But green cars will need green factories. Truly reducing the auto industry's impact on the environment will require more than that. *(134 Wörter)*

Stephen Edelstein: Volvo says Swedish engine factory is now "climate-neutral", 18.01.2018, http://www.thedrive.com/sheetmetal/17768/volvo-says-swedish-engine-factory-is-now-climate-neutral.

Text III — CDU-Vizechefin Klöckner hält angesichts von Einwanderung und Integration „andere Form von Feminismus" für notwendig

Migranten aus anderen Kulturen können nach Ansicht der stellvertretenden CDU-Vorsitzenden Klöckner Frauenrechte in Deutschland gefährden.

Sie warnt in einem Interview vor Rückschritten für Frauenrechte in Deutschland auf Grund der Einwanderung. „Zuwanderer bringen aus patriarchalischen Ländern auch ihre Grundhaltung gegenüber Frauen mit. Diese Grundhaltung bezieht sich nicht nur auf Frauen innerhalb der Familien. Das reicht weit in unsere Gesellschaft hinein", sagte Klöckner. „Wir brauchen heute eine andere Form von Feminismus, damit wir keine Rückschritte machen. Vor allem müssen wir im Blick haben, dass auch im Zuge von Einwanderung und der Integration von Flüchtlingen Frauenrechte geschützt werden."

„Der Erfolg der Integration hängt entscheidend von der Rolle der Frau ab. Jeder Macho hat eine Mama und jede Generation wird von der vorherigen geprägt."

Klöckner mahnt auch besonders in den Schulen eine klare Haltung an: „Ein Vater kann nicht verlangen, an einem Elternsprechtag nur mit einem Mann zu reden. Wenn wir da nachgeben, ist das nicht kulturelle Sensibilität. Wir fallen so den Frauen in den Rücken, die unter diesen patriarchalischen Strukturen leiden oder die sich versuchen frei zu kämpfen." Sie verlange von eingewanderten Männern nicht, dass sie „von einem Tag auf den anderen mit allem vertraut sind, was uns wichtig ist." Aber sie verlange, dass

Männer dazu bereit sind, zu akzeptieren, dass Frauen bei uns gleichberechtigt, dass sie auch Respektspersonen und schon gar kein „Freiwild" sind, nur, weil sie nicht verschleiert sind oder einen kurzen Rock tragen. *(247 Wörter)*

Anna Sauerbrey, Til Knipper: Julia Klöckner: Jeder Macho hat eine Mama, 26.05.2018, https://www.tagesspiegel.de/politik/cdu-vize-julia-kloeckner-jeder-macho-hat-eine-mama/22607148.html

3.1 Translate the text excerpt (Text II) without its title freely into German. Remember to translate as closely as possible and as freely as necessary. Please count your words in groups of 10. (15)

3.2 Summarize the text (Text III) in English in no more than 140 words. One point (BE) will be deducted for every 10 words that you are over the word limit. Please count your words in groups of 10. (11)

Hinweis:
Eine Überschreitung von weniger als zehn Wörtern führt zu keinem Abzug. (Beispiel: 149 Wörter führen zu keinem Abzug, ab 150 Wörtern wird eine BE abgezogen, ab 160 Wörtern werden zwei BE abgezogen.)

PRODUKTION

Grafik

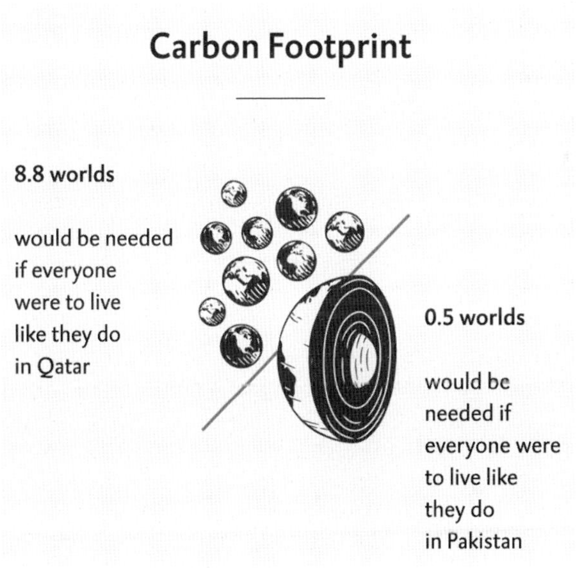

Darstellung nach: Global Footprint Network

4 Describe what you can see in the picture. Comment on the question as to whether our world is big enough for all of us.

Write 270–330 words.

Please count your words in groups of 50. (22)

Hinweis:
Wird die vorgegebene Wortanzahl unterschritten, werden je 15 Wörter Unterschreitung zwei BE von der Gesamtsumme abgezogen.
Wird die vorgegebene Wortanzahl überschritten, wird je 15 Wörter Überschreitung eine BE von der Gesamtsumme abgezogen.
(Beispiel: 270–330 Wörter führen zu keinem Abzug, bei weniger als 270 Wörtern werden zwei BE abgezogen, bei weniger als 255 werden vier BE abgezogen … bei mehr als 330 Wörtern wird eine BE abgezogen, bei mehr als 345 Wörtern werden zwei BE abgezogen …)

HÖRVERSTEHEN

1 *Hörverstehensaufgabe vergleiche Vorschlag A*

LESEVERSTEHEN

Text I How balloon releases harm wildlife

A multitude of ascending colourful balloons against the backdrop of a bright blue sky may be a brilliant sight to behold, but, as the saying goes, "what goes up must come down" – and when balloons do, the consequences are deadly for wildlife.

Although there is generally good intent behind the practice of releasing balloons such as memorializing an event, showing remembrance for a person, or to symbolically "let something go," people fail to realize (or perhaps choose to ignore) that once released, balloons become nothing more than floating litter.

So why are balloons so bad for our planet? When they finally descend and land, 70 percent of the time they end up in one of the world's oceans. Not only do they become obvious environmental eyesores when washed ashore, they also needlessly kill numerous animals.

Animals both on land and in the oceans frequently misidentify deflated balloons as sources of food. Sea turtles are especially vulnerable. Jellyfish are a common prey item and often the animals consume deflated balloons floating on the water's surface, thinking they are a suitable food source. This leads to stomach or intestinal blockages and eventual starvation.

Accidental consumption isn't the only danger associated with balloons – the strings or ribbons attached to them are just as harmful. Birds often get entangled, and, once unable to fly, face certain death. Flippers of larger marine animals can also become wrapped in string, causing infections, amputations and/or death by drowning.

Several options have recently become popular and are advertised as being eco-friendly alternatives to balloon releases, but these too have downsides.

Sky lanterns, or Chinese paper lanterns, are essentially airborne candles wrapped in a paper and bamboo or wire frame. Once released, they can float and land anywhere. Several states have banned their use due to this obvious fire-starting potential – they have been the source of several bush fires in the US, as well as house fires in the UK.

Butterfly releases are another activity to be avoided. Depending on the species, these insects rely on specific plants for food, nectar, and reproduction. If set free in an area where they are not native to (or released during the wrong season), these butterflies will then die. When captive-reared butterflies interact with wild populations, diseases can be spread, too.

Making the decision to release a swarm of butterflies into the environment is clearly not a good choice, regardless of the reason why. Safer options do exist. If you're looking to remember someone or something, planting a memorial tree or garden is a great way to go about it. Or if the feeling of releasing something is what you are seeking, blowing bubbles is an equally satisfying option. Try tossing a few native flowers into a flowing stream and watch them be carried away.

Remember that letting a balloon go is the same as throwing garbage onto the roadside.

(479 Wörter)

Jessica Tucker: How Balloon Releases Harm Wildlife,
http://www.onegreenplanet.org/animalsandnature/how-balloon-releases-harm-wild-life/

2 Please read the text and complete the table with the relevant information in German. (15)

a	Warum Menschen Luftballons steigen lassen *Geben Sie drei Beispiele.*		(3)
b	Wie Luftballons Tieren gefährlich werden können *Nennen Sie zwei Dinge, die passieren können, und ihre Folgen.*		(4)
c	Gefahr von Himmelslaternen		(1)

d	Warum das Fliegenlassen/Freilassen von Schmetterlingen keine Alternative ist *Nennen Sie zwei Gründe.*		(2)
e	Umweltfreundliche Alternativen *Nennen Sie vier.*		(4)
f	Womit das Fliegenlassen eines Ballons verglichen wird		(1)

MEDIATION

Text II

The German government acknowledges Bayat, her husband and two daughters can't return to Iran where they could face reprisal for converting from Islam to Christianity. But the three-year permit that allowed her to work at a textile factory has been revoked. "What happened to Bayat shows the idiocy of the system," said Florian Englmaier, owner of the company in the southern Bavarian town of Schierling, who hired her in September 2016. "They don't let her work, they can't deport her to Iran, and so they make her a burden on the welfare system," he said. An order for a major client was delayed by her departure, he said, and he has still not found a replacement. It's a big source of frustration for the hundreds of small- and medium-sized companies that eagerly hired asylum seekers in the midst of a labor shortage, only to see their work permits revoked.
"We need security for refugee workers so that we can plan long-term," Englmaier said. Faced with cases like Englmaier's, business leaders are pushing the government to reform the system. *(149 Wörter)*

Joseph Nasr: "Let them work!": German business advocates for rejected asylum seekers. From reuters.com. *© 2018 reuters.com. All rights reserved. Used under license.*

Text III Plastik am Strand

Plastikmüll am Strand wird zu Turnschuhen und Shampooflaschen. Das klingt erst einmal gut. Aber den Meeren nützt es wenig, dem Image der Unternehmen dafür umso mehr. „Diese Flasche war einmal Plastikabfall am Strand“, warb ein Konzern Anfang des Jahres für eine Sonderedition seiner Shampoomarke. Nach Spiegel-Informationen hat das Landgericht Frankfurt diese Werbung inzwischen untersagt. Denn tatsächlich besteht die Verpackung nur zu 20 % aus Kunststoffabfällen vom Strand, die Verschlusskappe nicht mitgerechnet. Auch eine bekannte Sportbekleidungsfirma hat vermüllte Meere als Thema entdeckt und einen Turnschuh aus sogenanntem Ozeanplastik auf den Markt gebracht. Das Obermaterial soll zu 85 % aus Plastik vom Strand bestehen. So will das Unternehmen zum Schutz der Ozeane beitragen. Gemessen an der gesamten Turnschuhproduktion des Konzerns hat die Initiative aber eher symbolischen Charakter. Bilder von vermüllten Stränden und von Vögeln, die an Plastikteilen verenden, sind allgegenwärtig. Viele Umweltorganisationen, darunter auch der NABU, unterstützen Sammelaktionen an den Küsten. „Jede Strandsammlung ist erst einmal gut“, meint Katharina Istel, NABU-Expertin für nachhaltigen Konsum. Wenn Unternehmen die Initiativen von Ehrenamtlichen für ihre PR nutzen, sieht sie das aber kritisch. Längst ist der Schutz der Meere zum öffentlich wirksamen Thema geworden. Aber durch Aufräumaktionen am Strand allein lässt sich das Problem nicht lösen. Die Konzerne sollten vor allem etwas gegen die Ursachen der Abfallflut tun, fordert Istel. Rund 9,5 Millionen Tonnen Plastikabfälle gelangen jährlich vom Land aus in die Meere. Hinzu kommen 1,75 Millionen Tonnen Müll aus Fischerei und Schifffahrt. Und die schmutzige Flut reißt nicht ab. Ändert sich nichts am Verhalten von Herstellern und Konsumenten, könnte sich die Menge bis 2025 verzehnfachen. *(261 Wörter)*

Naturschutz heute, Sommer 2018, S. 22.

3.1 Translate the text excerpt (Text II) into German. Remember to translate as closely as possible and as freely as necessary. Please count your words in groups of 10. (15)

3.2 Summarize the text (Text III) in English in not more than 160 words. One point (BE) will be deducted for every 10 words that you are over the word limit. Please count your words in groups of 10. (10)

Hinweis:
Eine Überschreitung von weniger als zehn Wörtern führt zu keinem Abzug. (Beispiel: 169 Wörter führen zu keinem Abzug, ab 170 Wörtern wird eine BE abgezogen, ab 180 Wörtern werden zwei BE abgezogen.)

PRODUKTION

Picture

https://www.facebook.com/Netzfrauen/posts/3568975083115449

4 Describe and interpret the picture considering the effects of a globalized trade on people and the environment.

Write 270–330 words.

Please count your words in groups of 50. (22)

Hinweis:
Wird die vorgegebene Wortanzahl unterschritten, werden je 15 Wörter Unterschreitung zwei BE von der Gesamtsumme abgezogen.
Wird die vorgegebene Wortanzahl überschritten, wird je 15 Wörter Überschreitung eine BE von der Gesamtsumme abgezogen.
(Beispiel: 270–330 Wörter führen zu keinem Abzug, bei weniger als 270 Wörtern werden zwei BE abgezogen, bei weniger als 255 werden vier BE abgezogen … bei mehr als 330 Wörtern wird eine BE abgezogen, bei mehr als 345 Wörtern werden zwei BE abgezogen …)

Lösungsvorschläge zu Vorschlag A

HÖRVERSTEHEN

Transkript The psychology of littering

Host: Littering continues to be a big environmental problem in cities. And one Pittsburgher from the city's North Side neighborhood is taking the problem personally. Melanie Wilson regularly picks up trash to keep her street clean. But it's a very difficult struggle. She came to us looking for answers about why littering is such a persistent problem. As part of our Green Living series ,where we answer your environmental questions, our reporter Mike Bloom got to work.

Mike Bloom: Melanie Wilson really isn't kidding when she says she's found some pretty weird things chucked into the alley behind her house.

Melanie Wilson: About two years ago, we came down the alley and saw an entire roast turkey lying in the street. And it wasn't even Thanksgiving. So, you figure that one out.

Mike Bloom: But today on our walk through the alley, we find the kind of stuff Melanie says is almost always there.

Melanie Wilson: There are some empty food containers, there's a shampoo bottle, some worn-out sneakers, old fast food bags and soda cans.

Mike Bloom: And the thing is, this garbage hasn't even built up over a significant period of time, because Melanie and her neighbors do regular clean-ups where they pick the stuff up.

Melanie Wilson: It never seems to get better and the most discouraging thing is you spend a whole afternoon having a pleasant time with your neighbors cleaning up and you come out on Monday morning and it looks exactly the same as it was the previous day, before the clean-up.

Mike Bloom: And so, Melanie came to us wondering why people litter in the first place and what she can do about it. Well, it turns out, there are actually people who study this topic. Among them is California State University social psychologist Wesley Schultz, and he says one of the most interesting parts about this whole issue is that littering wasn't always seen as the social taboo it is today.

Wesley Schultz: If you look back at the surveys that were done in the 1960s, people were much more accepting about leaving waste in public spaces. It didn't really shock anybody to see other people littering.

Mike Bloom: But that changed a lot in the span of just a couple of decades. Schultz says by the 1980s, it was not only seen as socially taboo – but even unethical – to just throw your trash on the ground. People started thinking that leaving garbage in public spaces was disrespectful. Schultz says this new attitude changed everything. But social norms aren't 100 percent effective in themselves. People break them all the time. And with littering, Schultz's research showed that people most often break that social norm for really practical reasons.

Wesley Schultz: We found that whether people litter or not depends on the distance to the nearest trash can. So, the farther away you are from a trash can or a recycling container, the more likely you are to litter.

Mike Bloom: So, if cities put trash or recycling containers in public spaces, people start doing the right thing again. And Schultz says this proves that a basic assumption we make about litterers is totally wrong – namely, that people who don't dispose of their waste properly do it because they just don't care.

Wesley Schultz: Often times people do care. But it's too much of a hassle, it's too inconvenient. And so, people do litter, even though they already care about the environment.

Mike Bloom: In other words – and Schultz says you could actually say this for a lot of environmental issues – we don't mind doing the right thing as long as it does not interfere with the way we live our lives. And it's also clear that we have a pretty huge influence on each other.

Wesley Schultz: The presence of existing litter has a strong impact on people's littering behavior. So, if you're in a place that's already highly littered, you're much more likely to litter than if you're in a place that's clean or free of litter.

Mike Bloom: So, no matter how useless Melanie Wilson's neighborhood clean-ups might feel, it is actually making a difference. Wilson plans to continue her clean-ups with her neighbors. But what she really wants now are some new garbage cans for the neighborhood, so she doesn't have to pick up so much trash in the first place.

Host: And that story is part of "Green Living" – our series where we answer your everyday environmental questions. So, if you have something on your mind, give us a shout. You can find us on Facebook or send your question to info@greenliving.org.

1 **TIPP**

Bitte berücksichtigen Sie, dass Ihre Antworten in englischer Sprache formuliert sein müssen. Dabei können Sie Formulierungen aus dem Hörtext übernehmen oder in eigenen Worten formulieren.

- **Zu a:** Hier soll das Merkwürdigste, das Melanie Wilson während ihrer Säuberungsaktion gefunden hat, genannt werden. "About two years ago, we came down the alley and saw an entire roast turkey lying in the street." (Z. 9/10) Sie fand also einen gebratenen Truthahn.
- **Zu b:** "There are some empty food containers, there's a shampoo bottle, some worn-out sneakers, old fast food bags and soda cans." (Z. 14/15) Nur „cans“ wäre hier nicht ausreichend, da explizit auf „soda cans“ hingewiesen wurde.

- **Zu c:** "It never seems to get better and the most discouraging thing is you spend a whole afternoon having a pleasant time with your neighbors cleaning up and you come out on Monday morning and it looks exactly the same as it was the previous day, before the clean-up." (Z. 19–22)
Melanie fühlt sich frustriert/entmutigt und es scheint niemals besser zu werden. Aber sie genießt die Zeit, in der sie mit den Nachbarn aufräumt.
- **Zu d:** "… littering wasn't always seen as the social taboo it is today. […] If you look back at the surveys that were done in the 1960s, people were much more accepting about leaving waste in public spaces. It didn't really shock anybody to see other people littering." (Z. 27–30)
Die Menschen haben eher akzeptiert, wenn an öffentlichen Plätzen Müll hinterlassen wurde, denn es war kein soziales Tabu.
- **Zu e:** "Schultz says by the 1980s, it was not only seen as socially taboo – but even unethical – to just throw your trash on the ground. People started thinking that leaving garbage in public spaces was disrespectful." (Z. 31–34)
In den 1980ern wurde es als nicht ethisch/unsittlich und respektlos betrachtet, seinen Abfall überall liegen zu lassen. Bitte berücksichtigen Sie, dass in der Lösung Adjektive stehen müssen. Umschreibungen sind hier nicht möglich.
- **Zu f:** "We found that whether people litter or not depends on the distance to the nearest trash can. So, the farther away you are from a trash can or a recycling container, the more likely you are to litter." (Z. 38–40)
Der Hauptgrund dafür, dass Menschen ihren Müll liegen lassen, ist, dass es keine Mülleimer in der Nähe gibt. Vorsicht bei der Formulierung „for really practical reasons“ – zwar steckt hier der Begriff „reasons“ in der Formulierung, es werden jedoch keine Gründe genannt, weshalb die Formulierung alleine nicht zur Punktvergabe führt.
- **Zu g:** "So, if cities put trash or recycling containers in public spaces, people start doing the right thing again." (Z. 41/42)
Das Aufstellen von Mülleimern an öffentlichen Plätzen ist eine Lösung.
- **Zu h:** "And Schultz says this proves that a basic assumption we make about litterers is totally wrong – namely, that people who don't dispose of their waste properly do it because they just don't care." (Z. 42–44)
Das Hauptvorurteil ist, dass die Umwelt diesen Menschen egal sei.
- **Zu i:** "The presence of existing litter has a strong impact on people's littering behavior. So, if you're in a place that's already highly littered, you're much more likely to litter than if you're in a place that's clean or free of litter." (Z. 52–54) Wenn ein Ort bereits vermüllt ist, erhöht sich die Wahrscheinlichkeit, dass noch mehr Menschen ihren Müll hier hinterlassen.
- **Zu j:** "Wilson plans to continue her clean-ups with her neighbors. But what she really wants now are some new garbage cans for the neighborhood, so she doesn't have to pick up so much trash in the first place." (Z. 56–58)
Sie möchte ihre Säuberungsaktion fortsetzen und neue Mülleimer anschaffen.
- **Zu k:** "You can find us on Facebook or send your question to info@greenliving.org." (Z. 61)

a	The **weirdest thing** Melanie Wilson found during her clean-ups	• **an entire roast turkey** / a roast turkey
b	Things she **usually** finds *Name three.*	• **empty food containers** • **shampoo bottles** • (worn-out) **sneakers** • (old) fast food bags • soda cans
c	**How** Melanie **feels** about her clean-ups and **why**	• she feels **discouraged** • it never seems to **get any better** • she **enjoys cleaning up with her neighbours** Auch möglich wäre: • mad/bad/not good/frustrated
d	**Attitude** towards littering in the **1960s**	• **people were much more accepting about leaving waste in public spaces** / littering was not a social taboo
e	**Attitude** towards littering by the **1980s** *Name two adjectives.*	• **unethical** • **disrespectful** • antisocial
f	**Why** people break the social norm of not littering	• the **trash can/litter bin** or recycling container is **too far away**
g	**What can stop** people from littering	• **if cities put trash cans/litter bins or recycling containers in public spaces** / providing more public trash cans/litter bins
h	Common **prejudice** why people litter	• they **don't care about the environment**
i	**What happens** if a place is already littered	• **people are much more likely to litter themselves**
j	Melanie Wilson's **plan** for the future	• **continue the clean-ups** (with her neighbours) • new garbage cans/rubbish bins for the neighbourhood
k	**E-mail address** you can send your questions to	• **info@greenliving.org**

2 **TIPP**

- **Zu a:** "Welcome to Gaziantep, an industrial city on Turkey's southern border with Syria. Gaziantep has a booming textile industry and is the home of the pistachio. It is also just 60 miles from Aleppo, the Syrian city devastated by war." (Z. 1–3)
  Hier sollte man genau sein: nur „Industriestadt" als Antwort ist nicht ausreichend. Die „Heimat der Pistazie" sollte nicht mit „Zuhause der Pistazie" beschrieben werden, da diese Formulierung im Deutschen nicht funktioniert.
- **Zu b:** "Today there are 3.6 million Syrian refugees in Turkey …" (Z. 4/5)
  Es wird hier nach der gesamten Zahl der Flüchtlinge, die sich heute in der Türkei befinden, gefragt.
- **Zu c:** "In general people here call them guests, not refugees." (Z. 7)
- **Zu d:** "There is no doubt, however, that the newcomers have put a huge strain on the city's resources – above all on housing, water, public transport and healthcare." (Z. 8–10)
  Nur „Wohnen" trifft die Aussage nicht. Auch „öffentlicher Transport" ist eine Bezeichnung, die so im Deutschen nicht genutzt werden kann.
- **Zu e:** "Early on, the Turkish government pursued a policy of integrating the newcomers into urban areas, rather than let them stay in refugee camps." (Z. 11/12)
- **Zu f:** "This put pressure, however, on the existing housing stock in Gaziantep, forcing up rents. Employers, meanwhile, took advantage of the sudden increase in the workforce to push down wages. There was also conflict over access to drinking water, and growing bitterness that the aid pouring in was going to Syrians, not to poor Turks." (Z. 13–16)
- **Zu g:** "It was precisely to avoid this sort of conflict that the city adopted a new approach, based on integration. Mayor Fatma Sahin established a migration management department. The idea was that Turks and migrants would receive equal treatment and benefits." (Z. 16–19)
- **Zu h:** "When the economy slows down, I fear there will be conflict." (Z.30/31)
- **Zu i:** "More European countries need to make an effort, like Germany did, and agree to take more. It's not a burden to take refugees. Migration has always been a good thing and a driver for development." (Z. 34–36)

a	**Allgemeine Fakten** über Gaziantep *Nennen Sie drei.*	• **Industriestadt in der Türkei (an der südlichen Grenze zu Syrien)** • **sehr viel Textilindustrie** • **bekannt für Pistazienanbau** • 60 Meilen von Aleppo entfernt
b	**Anzahl** der syrischen Flüchtlinge in der Türkei heute	• **3,6 Millionen / 3600000**
c	Wie Flüchtlinge im Allgemeinen in Gaziantep **bezeichnet** werden	• als **Gäste**
d	**Ressourcen vor Ort**, die durch die Flüchtlinge beansprucht werden *Nennen Sie drei.*	• **Wohnungen / Unterkünfte / Wohnraum** • **Wasser** • **öffentlicher Nahverkehr / öffentliche Transportmittel** • Gesundheitsversorgung
e	Wo die Mehrheit der Flüchtlinge **untergebracht** ist	• **im Stadtgebiet / in städtischen Gebieten / in der (Innen-)Stadt**
f	Entstandene **Probleme** in Gaziantep *Nennen Sie drei.*	• **fehlender Wohnraum / steigende Mieten** • **Druck auf Arbeitsmarkt und dadurch sinkende Löhne** • fehlender Zugang zu ausreichend **Trinkwasser** • Hilfen/Hilfsgelder gehen an Syrer*innen und nicht an Türkinnen und Türken
g	**Lösungsansatz** der Stadt Gaziantep	• gründen **Abteilung für Migrationsmanagement** • **Türken und Migranten sollen die gleichen Leistungen erhalten**
h	**Befürchtung** von Yakzan Shishakly	• **mehr Konflikte, wenn die Wirtschaft an Fahrt verliert/schwächer wird**
i	Lanna Walshs **Einstellung** zur Migration	• **Migration ist eine Chance und führt zu einer fortschrittlichen Entwicklung**

MEDIATION

3.1 **TIPP**

Sinngemäße Übersetzung heißt, dass man so nah wie möglich und so frei wie nötig übersetzen soll. Wenn Sie richtig übersetzen, aber die Sätze nur eingeschränkt verständlich sind, führt dies zu Punktabzug. Wichtig ist also auch, auf Rechtschreibung und Grammatik zu achten.

- *Volvo says:* Laut Volvo, Volvo sagt
- *carbon emissions:* die CO_2-Ausstöße, die CO_2-Emissionen
- *from manufacturing:* auch „bei der Herstellung"; „manufacturing" kann hier nicht mit „Manufaktur" übersetzt werden
- *engine plant:* Motorwerk
- *climate-neutral status:* den klimaneutralen Status
- *All heating for the plant …:* Die Heizenergie für die Fabrik wird vollständig aus …
- *All electricity:* Elektrizität, Die gesamte/ganze Energie/Elektrizität, Der ganze Strom
- *has been generated:* Achten Sie hier auf die korrekte Zeitform im Deutschen.
- *Efforts:* Die Bemühungen, Die Versuche, Der Aufwand, Die Mühe (Vorsicht: bei den letzten beiden Varianten Singular beachten!)
- *manufacturing:* die Produktion
- *greener:* grüner, nachhaltiger, ökologischer
- *ambitious:* ambitionierte
- *Last year:* Im letzten Jahr, Vergangenes Jahr
- *the automaker:* der Autohersteller
- *announced:* gab … bekannt
- *all-electric cars:* reine Elektrofahrzeuge
- *beginning in 2019:* mit Beginn 2019/mit Beginn des Jahres 2019
- *effort:* Anstrengungen
- *to make all of its factories climate-neutral:* dass die Fabriken … klimaneutral werden
- *will need:* Hier bitte richtige Zeitform (Futur I) beachten.
- *Truly:* tatsächlich, echt
- *impact:* die Auswirkungen
- *require:* benötigen

Volvo gibt an, dass sie jetzt die erste „klimaneutrale" Fabrik haben, was einen Schritt in Richtung des Ziels des schwedischen Automobilherstellers darstellt, den Kohlenstoffausstoß im Produktionsprozess zu reduzieren. (3)
Eine Motorenfabrik in Schweden erreichte Klimaneutralität, als sie im Januar auf das Heizen mit erneuerbaren Energien umstellte. (2)

Die gesamte Heizenergie der Fabrik wird aus Abfallverbrennung, Biomasse und recycelten Biokraftstoffen gewonnen. (2)
Der gesamte Strom für die Fabrik wird seit 2008 aus erneuerbaren Energiequellen gewonnen. (1)
Die Anstrengungen, den Produktionsprozess umweltfreundlicher zu machen, ergänzen Volvos ehrgeizige Pläne. (1)
Letztes Jahr kündigte der Autoproduzent an, dass er ab 2019 nur noch Hybrid und reine E-Autos verkaufen werde. (2)
Die Verwendung erneuerbarer Energie ist Teil von Volvos Bemühungen, all seine Fabriken bis 2025 klimaneutral zu machen. (2)
Aber grüne Autos werden grüne Fabriken benötigen. Um den Einfluss der Automobilindustrie auf die Umwelt wirklich zu reduzieren, wird es mehr als das brauchen. (2)

3.2 **TIPP**

Der dargestellte Text muss in englischer Sprache zusammengefasst werden. Achten Sie in Ihrer Lösung auf eine klare Struktur mit Einleitungssatz *(umbrella sentence)*, Hauptteil und Schluss.

Einleitung: *Umbrella sentence* mit allgemeiner Information zum Inhalt. Stellen Sie die wesentlichen Inhalte des Textes dar, hier also zum Beispiel:

- According to Julia Klöckner, the deputy CDU leader, migration from countries with patriarchal structures threatens gender equality in Germany.

Hauptteil:

- Problem: according to Klöckner backlash in women's rights because of immigration
- Effect on society and families
- Women's rights need to be protected by a new form of feminism
- Role of the school
- Equal rights for women; women have to be treated with respect, they are not "fair game"

Schlussteil/Conclusion (mögliche weiterführende Aspekte)

- All men have to treat women with respect

Introduction / umbrella sentence

The text addresses migration and its potential for generating an urgent need for a different form of feminism due to patriarchal ideologies.

CDU's vice-chairperson Klöckner warns of setbacks concerning women's rights because of immigration. Immigrants from patriarchal countries in particular bring with them their attitudes to women regarding family life and society. Therefore, women's rights need to be protected by a new form of feminism. Migrants should not be treated with a false sense of cultural sensibility, because that would be an injustice to those who suffer under patriarchal norms and are trying to break free. Therefore, one particularly has to take a clear position in schools, encouraging migrants to accept women's equality. They have to understand that women are not fair game, have equal rights and are figures of authority in Germany. **Main part**

Women must be treated with respect by all men. *(142 words)* **Conclusion**

PRODUKTION

4 **TIPP**

„Describe" bedeutet, dass man Aussagen oder Sachverhalte in eigenen Worten strukturiert verdeutlicht. „Comment on" bedeutet, dass man zu einem Sachverhalt oder einer Aussage unter Verwendung von Fachwissen eine begründete eigene Meinung darstellt.

Folgende Bestandteile müssen vorhanden sein:

- Einleitung mit anschließender Beschreibung, was man sieht,
- Definition bzw. Darlegung, was der „carbon footprint" ist,
- Stellungnahme mit einem schlüssigen Aufbau der Argumente, die eine Behauptung, eine Erläuterung und ein Beispiel enthalten, und
- Schluss mit Zusammenfassung und eigener Meinung.

Einleitung und Bildbeschreibung:

- Topic sentence: The picture with the headline … deals with/is about …
- nine small planets/Earths on the left-hand side and half a planet on the right-hand side, which is much larger than the nine smaller planets/Earths
- headline: "Carbon Footprint"; the text in the image compares how many planets we would need if everybody lived as they do in Quatar compared to how people live in Pakistan
- Picture shows two countries and the differences in their consumer behaviour

Hauptteil mit Stellungnahme:

Inhaltlich geht es in dem Bild um den Kontrast „Industrie- vs. Entwicklungsländer" sowie „hoher vs. niedriger Lebensstandard"; dabei sollen Sie Argumente benennen, erklären und diese je mit einem Beispiel belegen. In einem Kommentar reicht es, die eigene Meinung darzustellen. Gegenargumente müssen nicht angeführt werden.

- Overconsumption in industralised countries:
  - In developed countries, such as Qatar, people use far more resources than developing countries do.
  - This includes accommodation, air-conditioning, holidays to exotic and far-off countries, which leads to excessive flights and carbon emissions, carbon-intensive transportation systems (trucks, cars, aeroplanes) and to people buying more than they need (food, clothing).
  - Thus, overconsumption in developed countries leads to the usage of more than their fair share of resources.
- Developing countries are catching up in their search for a better lifestyle:
  - As a developing country, Pakistan uses fewer resources because they are not affordable in the first place.
  - Over time, their lifestyle will also become less sustainable.
  - The growing world population is also a problem as it puts more pressure on resources.

Schlussfolgerung:

- *Sum up and give your own opinion:* Sie sollen nach einer kurzen Zusammenfassung der wichtigsten Argumente ein Fazit ziehen und die eigene Meinung bzgl. des Themas darlegen, z. B.:
  Developed countries must do their share, but for real change to occur, all countries need to work together.

Introduction

The picture entitled "Carbon Footprint" illustrates two countries and the differences in their consumer behaviour and use of resources.

Description

There are nine small planets on the left-hand side and half a planet on the right-hand side, which is much larger than the nine smaller ones. As the figures and information on both sides say, this is the number of planets we would need if everyone had the same carbon footprint as people in Qatar or Pakistan respectively. The "carbon footprint" is the total set of greenhouse gas emissions caused by an organisation, event, product or person. They can be emitted due to transport and the production and consumption of food, fuels, materials, roads, and services.

Opinion
developed countries and overconsumption

Qatar is a highly industrialised country with a flourishing economy, where people's patterns of consumption are excessive and waste far more resources than developing countries do. As in most developed countries, accommodation, the use of air-conditioning and an increasing supply of goods and services produce a large amount of carbon emissions. People in industrialised countries are also able to go on holiday to far-off countries by plane. Similarly, the increasing demand for more products leads to carbon-intensive transportation systems. Consumers in these countries tend to consume more than they need and to throw away food or clothing. So, one could say that overconsumption in developed countries leads to people using more than their fair share of resources.

As a developing country, Pakistan uses fewer resources, because people cannot afford most things in the first place. However, developing countries are catching up in the search for a better lifestyle, and that leads to less sustainability. Furthermore, the growing world population is putting more pressure on resources.

developing countries are catching up

To sum up, developed countries consume much more than required and might not find sustainability appealing, but in order to feed the world, both industrialised and developing countries need to work together so that everyone can have their fair share of the scarce resources. *(324 words)*

Conclusion

countries need to work together

Lösungsvorschläge zu Vorschlag B

HÖRVERSTEHEN

1 *Für Hörverstehen vergleiche Vorschlag A*

LESEVERSTEHEN

2 **TIPP**

- **Zu a:** "Although there is generally good intent behind the practice of releasing balloons such as memorializing an event, showing remembrance for a person, or to symbolically 'let something go', …" (Z. 4–6)
  Vorsicht: „event" kann hier nicht mit dem Begriff „Event" übersetzt werden, da ein Gedenken für gewöhnlich an ein historisch oder persönlich bedeutsames Ereignis geknüpft ist und der Begriff „Event" im Deutschen in diesem Zusammenhang nicht passt.
- **Zu b:** "Animals both on land and in the oceans frequently misidentify deflated balloons as sources of food. […] This leads to stomach or intestinal blockages and eventual starvation. Accidental consumption isn't the only danger associated with balloons – the strings or ribbons attached to them are just as harmful. Birds often get entangled, and, once unable to fly, face certain death. Flippers of larger marine animals can also become wrapped in string, causing infections, amputations and/or death by drowning." (Z. 12–20)
  Beachten Sie, dass Sie hier sowohl darstellen müssen, WAS passieren kann, als auch WELCHE Folgen das hat, um die volle Punktzahl zu erreichen.
- **Zu c:** "Several states have banned their use due to this obvious fire-starting potential – they have been the source of several bush fires in the US, as well as house fires in the UK." (Z. 25/26)
- **Zu d:** "Depending on the species, these insects rely on specific plants for food, nectar, and reproduction. If set free in an area where they are not native to (or released during the wrong season), these butterflies will then die. When captive-reared butterflies interact with wild populations, diseases can be spread, too." (Z. 27–31)
- **Zu e:** "If you're looking to remember someone or something, planting a memorial tree or garden is a great way to go about it. Or if the feeling of releasing something is what you are seeking, blowing bubbles is an equally satisfying option. Try tossing a few native flowers into a flowing stream and watch them be carried away." (Z. 33–37)
- **Zu f:** "Remember that letting a balloon go is the same as throwing garbage onto the roadside." (Z. 38)

a	**Warum** Menschen Luftballons steigen lassen *Geben Sie drei Beispiele.*	• um bestimmter **Ereignisse zu gedenken** • um einer **Person zu gedenken** • um **etwas symbolisch loszulassen**
b	Wie Luftballons **Tieren gefährlich** werden können *Nennen Sie zwei Dinge, die passieren können, und ihre Folgen.*	• **Land- und Meerestiere halten Ballons für Nahrung, die Ballons blockieren das Verdauungssystem und die Tiere verhungern** • **Vögel verheddern sich in Schnüren und Bändern von Ballons und sterben** • Größere Meerestiere verheddern sich in Schnüren, Verletzungen infizieren sich, Körperteile sterben ab oder die Tiere ertrinken
c	**Gefahr** von Himmelslaternen	• verursachen (Wald-) **Brände**/Feuergefahr/ Brandgefahr/sie können in Flammen aufgehen
d	**Warum** das Fliegenlassen/ Freilassen von **Schmetterlingen keine Alternative** ist *Nennen Sie zwei Gründe.*	• **unterschiedliche Arten brauchen unterschiedliche Umgebungsbedingungen zum Überleben** • freigelassene Schmetterlinge können **Krankheiten an die Wildpopulation** weitergeben
e	**Umweltfreundliche** Alternativen *Nennen Sie vier.*	• einen **Baum zur Erinnerung** anpflanzen • zum Gedenken einen **Garten anlegen** • **Seifenblasen** • heimische/**regionale Blüten**/Blumen **in einem Fluss**/Bach **treiben lassen**
f	**Womit** das Fliegenlassen eines Ballons **verglichen** wird	• mit dem **Entsorgen von Müll am Straßenrand**/ im Straßengraben

MEDIATION

3.1 **TIPP**

- *acknowledges:* bestätigt, gibt zu, räumt ein
- *reprisal:* Vergeltungsakt, Strafmaßnahmen
- *for converting from Islam to Christianity:* für ihre Konvertierung vom Islam zum Christentum
- *permit:* Genehmigung, Erlaubnis
- *has been revoked:* wurde aufgehoben, wurde annulliert, wurde ihr entzogen
- *owner:* Inhaber
- *company:* des Unternehmens, des Betriebs
- *welfare system:* „Sozialhilfe" ist zu ungenau

- *An order:* Ein Auftrag
- *major client:* „Hauptkunden", „Stammkunden", „Großkunden"; nicht: „Klienten"
- *delayed:* verzögert
- *medium-sized:* mittleren
- *eagerly:* erwartungsvoll, eifrig
- *asylum seekers:* Asylbewerber*innen
- *see:* erleben
- *faced with:* Angesichts von
- *business leaders:* Wirtschaftsführer*innen, Chefinnen und Chefs
- *to reform the system:* das System zu verbessern/umzuformen

Die deutsche Regierung erkennt an, dass Bayat, ihr Mann und ihre zwei Töchter nicht in den Iran zurückkehren können, da sie dort Vergeltungsmaßnahmen dafür befürchten müssten, dass sie vom Islam zum Christentum konvertiert sind. (3)
Aber die dreijährige Arbeitserlaubnis, die es ihr ermöglicht hat, in einer Textilfabrik zu arbeiten, wurde zurückgezogen. (1)
„Was mit Bayat passiert ist, zeigt die Idiotie des Systems", sagte Florian Englmaier, Besitzer der Firma in der südbayerischen Stadt Schierling, der sie im September 2016 eingestellt hat. (2)
„Sie lassen sie nicht arbeiten, sie können sie nicht in den Iran abschieben, und so machen sie sie zu einer Belastung für das Sozialsystem", sagte er. (2)
Eine Bestellung für einen wichtigen Kunden sei durch ihren Weggang verschoben worden, sagte er, und er habe (immer) noch keinen Ersatz gefunden. (2)
Es ist eine große Quelle der Frustration für Hunderte von kleinen und mittelständischen Unternehmen, die bereitwillig inmitten eines Arbeitskräftemangels Asylsuchende eingestellt haben, nur um zu sehen, dass ihre Arbeitserlaubnis widerrufen wird. (3)
„Wir brauchen Sicherheit für arbeitende Flüchtlinge, damit wir langfristig planen können", sagte Englmaier. (1)
Mit Fällen wie dem von Englmaier konfrontiert drängen Geschäftsführerinnen und Geschäftsführer die Regierung, das System zu reformieren. (1)

3.2 **TIPP**

- **Einleitung:** *Umbrella sentence* mit allgemeiner Information zum Inhalt, z. B. Name des Autors, Name der Quelle, Veröffentlichungsdatum und Hauptthema des Textes.
  - The text is about plastic products which are made out of plastic waste from the oceans.

Hauptteil:

- Products made out of plastic which is fished out of the sea are a good thing for companies' marketing campaigns, but they do not help the oceans.
- The amount of plastic taken from the oceans is usually very low.
- Compared to the total amount of plastic used by companies, it is purely symbolic.
- Conservation organisations like NABU think it is a good idea to clean up the beaches, but it does not solve the underlying problem, particularly if it is mainly used for PR.

Schlussteil/Conclusion:

- Companies have to do something about the massive production of plastic waste and consumers have to change their behaviour, otherwise the problem will get worse.

This article entitled "Plastik am Strand", published in *Naturschutz heute* in 2018 addresses the idea of upcycling by taking plastic waste out of the oceans and turning it into new products. For companies this might seem like a profitable idea, as this form of upcycling looks great in marketing campaigns. Unfortunately, it is more of a symbolic act in reality, because the percentage of plastic from the oceans actually used in the products is relatively low. Therefore, environmental organisations like NABU say that even though collecting waste on beaches is always a good thing generally, it will not solve the main problem of plastic waste that comes from land and the fishing and shipping industries. It is more important for corporations to fight the causes of the problem during the procurement and production process.

All in all, if manufacturers and consumers do not change their behaviour, the amount of plastic in the oceans could be ten times as high by 2025. *(161 words)*

Introduction / umbrella sentence

Main part

Conclusion

PRODUKTION

4 **TIPP**

Das Bild soll erst beschrieben und dann unter Berücksichtigung der Auswirkungen von globalem Handel auf die Menschen und die Umwelt interpretiert werden. Inhaltlich geht es in dem Bild um die Themen „carbon footprint", „plastic packaging", „plastic pollution", „ocean pollution", „cheap labour" etc.

Describe:

- topic sentence: The picture deals with/is about/points out ...
- a hand is holding a plastic container of pears
- pears are covered in pear juice/liquid and packaged
- information about where they were cultivated (grown in Argentina) and where they were packaged (packed in Thailand) is printed on the container
- message in bottom right-hand corner: pears are available in local supermarkets for only 49 cents

Interpret:

Der Begriff „food miles" ist hilfreich, um die Zusammenhänge zu erklären:

- Food mile: unit used to measure the distance that a food product travels from where it is produced to where it is sold/consumed
- The pears have (probably) travelled to three continents before ending up on the table:
  - South America (Argentina)
  - Asia (Thailand)
  - the "local" supermarket (probably in the United States or another country that uses dollars as a currency)
- The information that the pears are available "in your local supermarket for only 0.49 $" is meant ironically.
- The cost of the product for the environment is much higher as the pears have travelled a long way and shipping increases the carbon footprint of the pears immensely.
- Additionally, they have been packaged in plastic (unnecessary procedure, leads to higher energy consumption).
- Consumers have got used to eating all kinds of fruit all year round, no matter whether it's in season or not. Canned food contains fewer vitamins.
- The people in the production process suffer as a result of the low prices as they are underpaid and often live in poverty.

Conclusion:

- Producers and consumers need to stop their excessive use of plastic, especially when it is not necessary.
- Eat more local/seasonal food to reduce the energy needed to grow and transport the food we eat.

Introduction

The picture shows how the globalised production of food leads to an excessive amount of food miles.

Description

In the photograph, you can see a hand holding a plastic container of pears. These are covered in liquid and packaged, and on the container it says that the pears were cultivated in Argentina and packed in Thailand. At the bottom-right corner it says that the pears are available "in your local supermarket for only 0.49 $".

The picture is intended to make fun of the absurdity that the pears have travelled to three continents before ending up on the table. When the text refers to "your local supermarket", the irony is that while the trend is to buy "local" food, these pears are far from "local". Furthermore, the price seems to be low, but it does not cover the cost that the environment and the people involved in the production process pay for this.

Interpretation

irony of the "local supermarket" and the seemingly low price

A "food mile" is the distance that a product travels from where it is produced to where it is sold. This photo shows that food nowadays travels a long way before it ends up on the table.

transportation

Additionally, the pears have been packaged in plastic, which leads to more waste. Fresh fruit should be sold unwrapped, which saves a lot of single-use plastic and energy.

plastic pollution

However, consumers have got used to eating all kinds of fruit all year round. Packaged fruit has a longer shelf life, but it contains fewer vitamins and is of less value to the human body than fresh fruit.

effect on health

Many people buy these products because they are cheap. To maintain low prices companies put a lot of pressure on the producers in countries like Argentina. As people are paid even less in Thailand, the food is sent there to be packaged. The food industry exploits people in the production process.

fair production

Producers and consumers both need to reduce their carbon footprint. Eating more seasonal food and not wasting food could be solutions here. *(328 words)*

Conclusion